崩れる政治を立て直す

21世紀の日本行政改革論

牧原 出

講談社現代新書

2493

目次

第四章　小泉純一郎政権以後の自民党と官僚制
――官邸主導による新しい政権のあり方　129

第五章　民主党政権の混乱から学ぶこと

はじめに

改革の難しさ

「経済一流、政治三流」と言われたのは、日本の経済力が充実していた一九八〇年代のことであった。首相経験者だった田中角栄《かくえい》が逮捕されたロッキード事件をはじめ、汚職にまみれた政治家への低い評価を補うのは、日本企業の輝かしいパフォーマンスであった。それはまた、ともすれば個別利害に引きずり回される政治を、ぎりぎりのところで合理的な政策に落としこむ官僚への信頼とも結びついていた。

こうした「政治三流」を変えようとした改革が、リクルート事件で首相、閣僚、さらには企業経営者やいくつかの省の幹部が疑惑の対象となったあとに始まる。選挙制度改革と政治資金改革を柱とする一九九四年の政治改革によって、腐敗とは無縁で政策形成能力の高い政治家が登場するとの期待が生じた。引き続き起こった官僚不祥事から、官僚の既得権への不満が巻き起こった。いよいよ政治への期待は増していく。その頂点が民主党政権であったが、そこでの「政治主導」は惨憺《さんたん》たる結果に終わった。

その反省から第二次以降の安倍晋三《あべしんぞう》政権は、官邸を中心に自由民主党（以下自民党と略す）も官僚も押さえつけたように見えた。だが、防衛省で廃棄したと発表されていた陸上自衛隊の南スーダン・イラク派遣時の日報が省内で保管されていた「日報問題」、首相への「忖度《そんたく》」が文部科学省・財務省内の反発となって表れた森友・加計《かけ》学園問題など、今度は現場の官僚の反抗とサボタージュにあっているかのようだ。

そして今、再び政と官の新しい仕切り直しが始まろうとしている。それは歴史を振り返れば、「経済一流、政治三流」の時代に自民党長期政権下で形成された関係のさらなる再編である。ところが政と官の関係は特定の制度を整えれば確定するわけではなく、制度のセットの運用を積み重ねる中で徐々に慣行が定着し、誰もが当然と疑わないルールになっていく。それは、二〇〇一年一月に省庁再編が行われ、建設省、運輸省、国土庁、北海道開発庁が統合され国土交通省になったり、文部省と科学技術庁が統合されて文部科学省になったりと、省の組織が一変しても政治家と官僚の関係が変わったわけではないことからも明らかである。以後の成り行きの中で、政と官の関係は徐々に変わっていった。民主党政権であれ、第二次以降の安倍晋三政権であれ、当初の意図通りには制度を変え、慣行を一変したわけではない。制度が表面上変わっても、関係者の行動まで一気に変わるわけではない。

いつ頃からか、こうした改革を抱え込むことが重苦しくなってきたように見える。改革が思わぬ結果を生み、コストばかりがかかったり、現場が過重な負担にあえいだり、という事態が目立つようになってはいないだろうか。政治改革の柱であった小選挙区比例代表並立制への選挙制度改革により、政治家は短期的な発想しかできなくなり、小粒になったと指摘されて久しい。その一つの帰結が、惨憺たる結果となった民主党政権や第二次以降の安倍政権ではないか。省庁再編の紆余《うよ》曲折の結果も、現在のような公文書の改竄《かいざん》や、官邸官僚の専横《せんおう》を招いているかのようである。

改革案を作るときに、制度が動き出したらどうなるか、という問いに考えが及ばなかったのではないか――それが本書の根元にある考えである。制度の動かし方も考えずに、制度改革をした〝つけ〟が回っている。かといって、今となっては制度を廃止すればすむわけではなさそうだ。面倒な制度もすでに他の制度との間で固く結び付き、制度のセットに組み込まれているとしたら、一つの制度を変えるにしても、その動き方の全体を予想しておかないと、さらに面倒な事態になりはしないだろうか。

どうやら、二一世紀の日本ひいては世界は、二〇世紀末の諸改革を点検しながら、その動き方を十分観察した上で、必要な改革を再度続けなければならなくなりそうである。戦争や破局的な経済危機があれば、ゼロから制度を作り直すことになるだろう。そうではないとすれば、今の制度とつきあいつつ変えていくしかない。

政党が壊す官僚制

そもそも理論から見渡せば官僚制は容易には変わらない。かつて社会学者のマックス・ウェーバーは官僚制による支配の「永続性」を主張した。[(1)]近代官僚制が、もっとも合理的な支配の形態であり、ある条件の下でどう行動するかという予測が高度に可能である点で、近代社会に適合的であると見たのである。他方で、とりわけ第二次世界大戦後の日本では、一九五五年に結成された自民党が長らく与党であり続けた。政権交代が見られない中で、自民党も官僚制と同様の「永続的」支配の主体であるかのようであった。こうして政と官の制度配置が大きな変化を遂げないまま、二重の支配を継続させる中で、政と官のありようが形成されてきた。

ところが、冷戦終結後の一九九〇年代のもろもろの改革、二〇〇九年と二〇一二年の政権交代を経て、これまでの理解を超える事態が次々と生じ始めた。森友学園に対する国有地の不当な値引きによる払い下げ問題、加計学園の獣医学部設置問題では、府省官僚の政権に対する「忖度」が疑惑の対象となり、政権に不利な情報が記載されている可能性のある公文書が廃棄されていた。こうした前代未聞の出来事は、これらで終わるどころか、今後ますます起こりそうである。制度は変わるどころか動かなくなってきたのである。

しかも、グローバル化と情報化が顕著に進むにつれて、私たちは、瞬時に大量の情報を処理しなければならなくなっている。政府とりわけその実質の大部分を占める官僚制の意思決定も変わりつつある。だがそれが意味するのは、そうした高速かつ大量の意思決定を止められなくなり、かつて以上に適切な改革を進めないと、収拾不能な事態をもたらすかもしれないということである。見方を変えれば、官僚制をはじめとする制度の永続性はより強まってもいる。政権は交代する可能性を常にはらんでいるが、官僚制の意思決定のスタイルを一変することは、もはや不可能になりつつある(2)。

そこに出現したのは、政党による官僚制の破壊である。民主党政権による「脱官僚依存」が政策形成を混乱させ、その反省から生まれた第二次以降の安倍政権では、幹部人事を官邸の都合で動かした結果、官邸と省庁幹部とが一体化した反面、官邸の意向を省内に取り次ぐ幹部と、各省の現場とりわけ出先機関との間で亀裂が深まっている。結果として、メディアで様々に報道されたように、数々の不祥事とそれにまつわる内部からの文書のリークが政権を揺るがした。こうしたリークは政権の体力を弱めるとともに、官僚制自体の機能不全をも生み出している。正常化に着手しないと、新規の政策立案が望めないし、通常の安定的な事務処理も困難になるだろう。

現政権も五年半以上経過してはいるが、地方創生、一億総活躍、人づくり革命など、一年限りで看板が替わるように年々新たな政策を出すことを繰り返しており、長期本格政権として数年先を見越して着実に政策を準備できるほどの政権ではない。その意味で政権交代後の本格政権とは言えない。必ずしも成熟していない政権が、民主党政権に続き、行政を突き崩しつつある。仮に政権が別の内閣に交代したとしても、官僚制をどう再建するのか、道は険しい。もはや対症療法は困難である。

憲法改正と民主主義

こうした政と官の関係から生じる問題を、政治家と官僚の駆け引きの結果とだけとらえては、ことの本質が見えてこない。そこで本書は、両者の関係を支える制度の奥にまで踏み込んで、この問題の発症原因を探る。

政と官が接する場は、内閣を頂点にして、一方は国会と与党へ、他方は省庁と官僚制へと広がる。内閣では、大臣など政と、各省事務次官を頂点とする官とが協力と対立を繰り返す。まずはそこを軸に、政と官との関係を見渡す。

だが、政治家と官僚という組み合わせだけが政と官を規定するわけではない。組織としてみれば、政党が一方にあり、他方に官僚制という官僚集団がある。それぞれ別個の組織の論理で動いている。またルールとしてみれば、一方の政の側では国会制度、選挙制度があり、他方の官の側では内閣制度と各省の組織の枠を決める制度すなわち省庁制度がある。

これらの基層には理念がある。政の側では政党政治と民主主義を理念としている。官と行政の制度理念を端的に表すのは法の支配であり、それは根本的な法規範である憲法という国家のルールによって規定されている。

したがって、政と官の関係とは、政治家と官僚、政党と官僚制、国会・選挙制度と内閣・省庁制度といった様々な層を区別しながら、最深部では政党政治・民主主義と立憲主義・法の支配という理念の相互作用として表れる（詳細は39ページ図1参照）。

とはいえ、政と官とは、そもそもの性格が異なる。その最も大きな違いは、政党という既存のルールを破って状況を流動化させて生き延びることをも辞さない制度の体系と、官僚制というルールを守り、合理的に秩序を維持しようとする制度の体系との差異である。ときにルールを破って新しいルールに置き換えようとする政と、ルールを守る官とは、根本的に異なる。そこで本書では、政と官との関係を、政の側から企てる官の制度設計、すなわち政治による行政改革ととらえることにしたい。官が崩れかけ、それが政治の荷崩れを起こしつつある現在、これを立て直すことで、政と官との関係をどう枠づけられるかを考える。

今後問題をどう整理した上で、新しい制度を構想できるか。さらに将来問題となるであろう憲法改正とはいかなる制度改正を意味し、そこで考慮すべき点は何なのか。この枠組みで考えていきたい。

自己改革能力の改革

そして、もう一つ押さえなければならないのは、行政改革の特性である。本書は、官についての制度設計として政官関係をとらえる理論的基礎を、「行政改革は行政の自己改革能力の改革」だとするドイツの社会学者ニクラス・ルーマンの指摘におく[(3)]。初期には行政学者でもあったルーマンは、システム理論の視点から、行政を外部から全面的に変えることとは本質的にできず、自ら可能な改善を支援する方向での改革のみが有効であるとみた。ある行政をまったく別ものへと移し替えることは無理であるという現実への認識にもとづいて、行政が自らを変える論理をつかみ、それがより適切に動くよう外から働きかけるべきだというのである。

したがって本書は、制度をどう設計するか、という問いかけの前に、設計された制度がどう作動しているかと問いかけ、第二次以降の安倍政権がぶつかった政と官の関係について、まずは戦後の自民党長期政権の成立、次いで冷戦終結と政治改革の始まりという地点へと歴史をさかのぼる。これまで提唱された政治・行政の改革論では、制度設計において、広範かつ徹底的な設計を目指し、改革案を成立させることが重視された。反面、その結果としての制度がどう作動するかまではとらえきれていなかった。まずは制度を変えるというところまでしか考える余裕がなかった。改革が実現すれば、制度は作動するであろうという、かなり楽観的な想定があった。冷戦後という新しい状況の中で、改革案を実現することが課題であり、それに対する既得権益者からの抵抗をいかにして排除するかに力点が置かれたのである。

しかし、冷戦終結から三〇年近く経過した現在、様々な改革が蓄積され、その後始末をどうつけるかという課題が浮かび上がりつつある。新たに改革をするにしても、これまでの改革の蓄積を相互に整理しないことには着手することすら困難なのである。

始末するのが難しい改革ばかりが積み重なっている。そこで必要なのは、こうした改革された制度がどう動いたかを見極めることである。改革案が成立した後、それはどう作動したかという観点である。比較的スムーズに作動したものもある。だが、現在、大きな負荷となっている「お荷物案件」の多くは、作動しなかったり、作動に大きな労力がかかったりするものである。これらをそのまま無理をしながら動かすのか、ともあれ廃止してしまうのか、あるいはさらなる改善を重ねるのか。そうした選択肢に直面せざるを得ない案件がかなり多いのである。身近な案件でいえば作動していない例はマイナンバーカードであろう。欠席者や辞退者が相当数に上る裁判員制度も同様である。

とはいえ改革案は多くの項目からなっている。それらは相互に連関してもいる。作動の開始から年月も経過している。作動の過程を改めて発掘するには、何らかの方法が必要である。本書は、まず、これまでの様々な改革についての言説の中から、制度の作動について叙述した箇所を可能な限り拾い集める。従来、こうした言説は注目されてこなかった。よく知られた文献ですら制度の作動についてのくだりは全くと言ってよいほど関心を持たれていない。したがって、そうした文献から制度の作動に対する観察記録を抽出するのである。

次に、これらの観察記録から、制度の作動の過程を全体としてとらえ、歴史のダイナミズムの中で把握する。行政改革は行政の自己改革能力の改革であった。制度改革は、制度の自己作動能力の改革なのである。ルーマンの命題をそう拡張することによって、政と官のあり方を考えてみたい。

そして、制度を外から変える改革という視角から見ると、政の側は政党にせよ、国会にせよ、政党自身の改革によって、国会は両院の合意によって変わる以外にない。その点で、これらの改革は、制度の自己作動能力の自己改革である。だからこそ、実際には改革が極めて困難であり、その結果も諸勢力の妥協の産物となる。

これに対して、官については、行政改革すなわち官僚制の改革として、政治の側からの衝撃によって変化が生じてきた。つまり、自己改革能力への外からの改革であった。外からの刺激で変わりうる官は、政よりも改革を始めるのは容易であり、事例が多い分失敗も生じやすい。本書は、行政改革を対象とすることによって政と官の関係を、政による官の改革がどう作動したのかという観点からとらえていく。

以下ではまず第一章で制度が作動しない問題とは何かを説明する。そして第二章で今何が問題なのかという問いを、「何が作動しているのか」「何が作動しなくなったのか」という問いに読みかえて、公文書の改竄や、官僚の「忖度」といった問題を解きほぐす。第三章以下は、自民党長期政権、小泉純一郎《こいずみじゅんいちろう》政権、民主党政権と過去から順に直近の政権まで振り返り、制度の作動状況についてその成功と失敗の原因を考える。第六章では、これらの制度の作動の観察記録を俯瞰《ふかん》しながら、今後どのようにすれば安定的な政府の制度設計があり得るかを考えていくことにしたい。

なお、本書では、二〇〇一年の省庁再編前の中央省庁を呼ぶときは「省庁」とするが、この省庁再編後については、原則として政治家が長官となる庁が廃止されたため、政府内の呼称にならって「府省」と呼ぶことにする。また、二〇〇一年の省庁再編前は一連の内閣をそのまま「内閣」と呼ぶが、二〇〇一年の省庁再編後に本格政権を組織した小泉純一郎政権以後は「官邸主導」が強化された内閣という意味で「政権」を用いる。

---

(1) マックス・ウェーバー『支配の社会学Ⅰ Ⅱ』創文社、一九六〇年、一九六二年。

(2) このような現状を総体としてとらえたものとして、デヴィッド・グレーバー『官僚制のユートピア』以文社、二〇一七年。

(3) Niklas Luhmann, *Politische Planung*, 2. Auflage (Westdeutscher Verlag, 1975): 187.

第一章　変わる改革、動く制度

――政と官の関係を問い直す

一　読めない制度の動き

ある制度改革が実現したとする。その新しい制度は、施行と同時に動き出す。人がルールに沿って文書を作成し、回覧し、合意をとる。これは自動的に作動するものだろうか。それが最初の問いである。

もちろん、事前の入念な準備を経て制度は実施に移される。だとすれば、問題はないはずだ。ところが、一九九〇年代から現在までのように、次々に新しい制度が実施されるという改革の蓄積後に何が起こるのであろうか。改革の数が多ければ失敗例も増える。失敗した改革を修正するにしても、その他の多数の制度変更との間で、どういう結果が起こるかは明らかではない。

一九九四年の政治改革の結果、小選挙区比例代表並立制が導入された。政治資金改革によって政党交付金が支給され、党本部により議員や立候補予定者に配分されることで、派閥政治が衰えた。政界汚職は減ったが、自力で政治資金を集めて配下に渡すような政治的エネルギーも衰えた。そうした政治家が「政治主導」のもとで官僚制に介入し始める。

他方、官僚の側は、二〇〇一年の省庁の抜本的な再編によって、機構は大きく変化した。かつては省単位で執務を蓄積したが、次第に内閣に出向して政府全体の政策課題を手がける官僚が、各省の幹部になっていく。他方で公務員バッシングによって、省益を露骨に出して業界を保護するよりは、政治家に意思決定を譲るようになっていく。

この二つの流れが重なりつつ、自民党政権から民主党政権へ、民主党政権から第二次以降の安倍政権へと二回の政権交代が起こった。政治家は国民の信託を直接受けるとはいいながら、小粒の印象がぬぐえない。官僚もまた政治家と世論を気にして、自在に政策のアイディアを打ち出す「霞が関シンクタンク」としての役割を失いかけている。政も官も責任意識は薄くなっている。

これは制度設計の誤りだったのか。それとも制度運用の結果なのであろうか。過去にさかのぼって考えてみたい。

二　明治維新、戦後改革に次ぐ第三の改革とその後

三つの「改革の時代」

現在の政治状況の起源である一九九〇年代の諸改革で繰り返されたのは、「明治維新、戦後改革に次ぐ第三の改革」であるという言葉であった。過去の大改革と同様、冷戦が終

了し、大規模な改革が久しぶりに始まったという、ある種高揚《こうよう》する気分を表した言葉である。だが高揚感とはうらはらに、そうした改革が蓄積されていくにつれて、成功のみならず失敗事例も増えていく。ますますの混乱を生んだとすら言える。それは過去の大改革の時代も同様であった。

大日本帝国憲法は一八九〇年に、日本国憲法は一九四七年に施行された。両時期ともに、憲法制定にあわせて憲法運用上の主要機関についての法令も相次いで整備された。それらには制定当初の意図が込められており、多くの憲法制定過程研究がそうした意図を発掘し、明らかにしてきた。

しかし設計意図通りに作動するとは限らないのが憲法と関連制度である。運用を開始すると、直後の政治は様々な混乱を抱え、徐々にそれらが調整されて合意形成の事実が蓄積される。そこで初めて制度の運用ルールが共有されるのである。

では、ここでいう憲法の運用開始と混乱・安定という過程とは実際にはどのようなものであったのだろうか。明治から現代までの大改革のそれぞれから事例を挙げてみたい。

政府の持つ前年度予算の執行権

まず、大日本帝国憲法第七一条では前年度予算の施行権が政府に与えられていた。議会が予算を承認しないときに準備された規定であり、議会と対立した政府が次年度予算を施行できないことがないように配慮されていたものであった。

一八九〇年、帝国議会が開会されると、藩閥政府と対決する政党が圧倒的多数の議席を占め、民力休養と歳出削減を掲げていた。これに対して、欧米列強の影響力が東アジアに及びつつある当時の状況下では「富国強兵」が日本の独立を守る唯一の方策であると考えた明治政府は、この条文を頼りにできなかった。より積極的な歳出増を目指して議会操縦を繰り返したのである。

ところが議会では、度重なる選挙を通じて圧倒的多数の議席を確保し続けた政党が、政府の唱える歳出増ひいては地租増徴に反対し、政府は予算案の議会での承認に苦闘せざるを得なかった。ついに政党に政権を譲り渡したのが、一八九八年、憲政党による第一次大《おお》隈重信《くましげのぶ》内閣の成立であった。だがこの政党内閣も、従来からの歳出削減要求と富国強兵策なかんずく増税との矛盾に苦しみ短期で崩壊する。結果として、政党も地租増徴を受け入れざるを得ず、藩閥政府と政党間で財政運営への合意が得られる。それが、両者が憲法の運用を共有する過程であった。こうして、当初の憲法の規定が想定したのとは異なる政府と議会との対立が、政治的交渉を続ける中で収束したのである。(1)

議員立法の要件

また、太平洋戦争敗戦後の占領改革の中で、日本国憲法の制定をはじめとする統治機構の一大改革が進行した。このときに帝国議会から新しく生まれ変わった国会では、憲法附属法としての国会法にもとづいて議員一名による立法の提案が可能であった。常任委員会制度が設けられ、衆参両院で一時の変更はあったものの、省庁に対応して委員会が組織されていた。連合軍総司令部による間接統治のもとでは、議員の活動は抑制的であったが、日本がサンフランシスコ講和条約により正式に独立すると、総司令部からの制約がなくなった議員たちは、突如立法活動を始めた。特に予算措置を伴う議員立法が激増したのである。予算委員会とは別に、個別省庁ごとの委員会で歳出を求める議員立法が提出された。これに対して、大蔵省を中心に、予算に反映される議員立法を抑制する改正が唱えられた。与党自由党内では、法案提出に際して党機関の了承をとるよう議員に求めた。一九五五年に国会法が改正され、議員立法は議案の発議《はつぎ》の場合、衆議院で二〇人以上、参議院で一〇人以上の賛成を必要とし、予算を伴う法律案の発議の場合、衆議院で五〇人以上、参議院で二〇人以上の賛成を必要とするものとなった。

こうして議員の活動を本来活発にするはずの議員立法の道が狭まり、一名での立法の提案の道が閉ざされた。それはまた、議員による財政的制約を顧みない選挙区への利益誘導を目指す法律の提案を防ぐものでもあった(2)。

機関委任事務の廃止

そして冷戦終結後の一九九〇年代には、政治改革、地方分権改革、司法制度改革といった統治機構の抜本的改革が進められた。その中で地方分権改革は、地方分権推進委員会を舞台に、国の地方自治体への関与をルール化する改革が目指された。従来の地方自治法は、戦前以来の中央集権の伝統を残し、地方議会への介入がないよう、国から首長《しゅちょう》に事務を委任する機関委任事務制度を規定していた。そこでは、電話による口答での指示など、非公式な国による関与が日常的になされていた。地方分権改革は、こうした国の統制の温《おん》床《しょう》とされていた機関委任事務を廃止したのである。

その理論的基礎となっていたのは、地方自治法のみならず、日本国憲法の解釈を変更すべきとする主張であった。従来の憲法学が中央集権の「官治」を認める解釈であったのに対して「市民自治」の解釈に転換すべきであるとするものであった(3)。機関委任事務を通じて、中央省庁が、文書のみならず口頭でも指示を地方自治体に伝えていた法の運用慣行を改革すべきだというのである。地方分権改革はこの慣行を透明化することで、徐々に地方自治体が創意工夫のある政策を立案することに期待をかけた(4)。そこでは、戦後の地方自治法の作動を変えるため、機関委任事務を慎重に自治事務・法定受託事務に振り分け、その運用ルールを定めることで、国の地方自治体への関与を狭めようとした。地方自治についての新しい憲法解釈の提唱、地方自治法改正、運用ルールの規定といった諸点から制度を慎重に変えることで、地方自治の深化を果たしたのである。

三　改革学から作動学へ

人事の弊害・公務員制度改革

こうした改革を多方面で進める一九九〇年代の風潮を経て、改革の学が必要であることが地方分権改革を振り返る中から唱えられた。改革を構想し、実現するためには改革そのものを省察し実践に資する学が必要であるというのである。

イギリスの行政学者クリストファー・フッドの提唱によれば、微調整、転用、模倣、開発といった政策形成の類型が指摘されている(5)。抜本的な開発以外の政策形成の型が通例だというのが、ここでの含意である。制度改革においても、微調整、転用、模倣で進められるならばよいが、一九九〇年代の諸改革ではそうした通常の改革手法のルートに乗らない改革が増えていた。地方分権改革でも新しい手法が「開発」されたという。内閣とりわけ内閣総理大臣が実質的に法案作成の主体となった点での内閣立法、地方分権推進法を五年の時限法とした「タイム・リミット設定方式」、具体的指針の勧告方式、グループ・ヒアリング方式などが挙げられるという。

もっとも、改革の内容面では、機関委任事務の廃止と新制度の創設、関与の基本類型の設定は「開発」であるが、関与のルールの創設は行政手続法からの「転用」、国地方係争処理制度は住民監査請求から住民訴訟までの手続きを「模倣」した部分が根幹をなすという。つまり「転用・模倣」と「開発」との組み合わせだというのである(6)。

ここでいう改革学とは、改革案を創発するための思考実験を指している。だが諸々の改革が実施されて二〇年近く経過した現在から振り返ると、改革が成功して実現したはずの制度の抱える問題が深刻になり始めている。その端的な例が各省の人事を歪《ゆが》めたなどと批判されている内閣人事局の設置という、改革結果をもたらした公務員制度改革である。省庁再編のあとに、「魂を入れる」改革として公務員制度改革が検討された。改革は、小泉純一郎政権下で、推進側と反対側が「能力等級制度」を導入することで妥協し、目立った変化のないまま一旦沈静化した。だが、第一次安倍晋三政権がさらなる改革を審議会に諮《し》問《もん》した後、政権交代を繰り返した結果、第二次安倍政権のもとで内閣人事局の設置を最後に改革は終了したのである。

弾力的な昇進、キャリア制度の廃止といった公務員の人事配置に関わる抜本的な改革は成功しないままであった。その理由は改革の中での議論から浮かび上がる。新人事制度を各省に示したときの反応は「ポストと無関係な等級制度など想像できない、能力などという抽象的なことを言われても運用できない」といったものであり、「現行の職務等級の格付けから円滑に移行できない」「過去の勤務評定闘争などの歴史を振り返れば、争議権や協約締結権などを与えたら、行政が麻痺《まひ》することは必定《ひつじょう》」というものであった。(7)

ここでは提案された改革を行ったとしても「運用できない」「行政が麻痺する」と、人事を運用する現場では受け止められた。そのプロセスも「円滑に移行できない」ととらえられたのである。

大規模な改革における「円滑」な移行

これに対して、一九九〇年代に行われた規制緩和や、地方分権改革、省庁再編は、大規模な改革ではあったが「円滑に移行」すること自体はそう困難ではなかった。行政活動の縮小である規制緩和はもとより、当初の地方分権改革は「分権改革の前後を比べた場合、法律、政令、省令、告示といった法令等を守らなければならないという基本部分については、何ら変化はない。しかし、国の各省庁が通達・通知で示してきた法令解釈が絶対ではなくなり、自治体みずからが法令を独自に解釈する余地が開かれた」という漸進《ぜんしん》的な変化を起こしたにとどまった。(8) 国・地方の官僚の振る舞いを抜本的に変えるものではなかった。

また省庁再編も、省の枠を大きく変えるものではあったが、従来の局・課レヴェルの行政活動を大きく変えるものではなかった。

とはいえその中には、官僚の行動を大きく変えうるものとして「省間調整システム」という斬新な提案があった。従来は他省庁の所管に介入しないことが原則であったところに、このシステムは、相互に介入しうる手続きを整えることを目指した。だが実際上、それが運用されることはほとんどなかった。やはり、制度改革で官僚の日常的な行動を変えることは、きわめて難しいのである。

つまり、一九九〇年代に行われた大規模な統治機構改革は、多岐にわたる規模の大きい改革ではあったが、日常的な行政活動を急激に変化させるものではなく、緩やかに変化させることが期待されていた。そして、改革から二〇年ほど経過した現在、地方分権改革であれ、省庁再編であれ、改革前と比べると、制度変更は官僚の意識を変え、その行動様式も隔世の感があるほど変化した。こうして静かに変化が起こるように仕組まれた改革こそが、成功した改革であった。

これに対して、公務員制度改革は、統治機構の中核的制度である憲法附属法を変えようとする点で、これらの改革と同質であるかのように当時から受け取られていたが、似て非なる改革であった。改革前後に官僚の行動を刷新するような案件であり、「円滑に移行」できるプロセスを仕組んでおかないと到底既存の行政に受け入れられない。強行すれば「麻痺」は必定であった。

こうしてみると改革が成功するためには、公務員の行動を一変することなく「円滑に移行」できるものであることが条件となる。改革学でいう制度設計とは、改革案を成立させるよう働きかけるだけではなく、制度が「円滑に移行」できるように事前に準備を重ねておくことでもある。地方分権推進委員会の『中間報告』では、これを「相互に複雑に絡まり合っている諸制度の縫い目を一つ一つ慎重に解きほぐし、システムの変革に伴いがちな摩擦と苦痛の発生を最小限度に抑えながら、諸制度を新たなデザインに基づいて順序よく縫い直して、その装いを新たにしていくべき事業」と表現した。この「順序よく縫い直す」ことの具体的な意味が制度一つ一つについて問われているのである。

これは制度を変える場合、それがどう作動するかを事前に予想できることが最低限必要ということである。その作動状況をコントロールできる設計が必要になる。このように制度の作動を検討し、省察する営みを、改革学に対置させて「作動学」と呼んでみることにする。

残念ながら、過去の改革はそうした点に十分に配慮してきたとは言えなかった、本章冒頭に挙げた国会法、地方自治法といった法律の規定については、必ずしもその作動状況が事前に十分予想できていなかった。その結果、作動上の問題を時間をかけて解決していったのである。もっとも、これらについては、改革が必要になったときに、一つには過去の失敗事例が認知されており、そこからの学習効果を得た上での二度目の改革であった。二つには、問題の原因が認識されており、そこから改革の対象が自ずと絞られた。ここでの重点は制度設計を政治課題として政権に認知させ、適切な設計をして提案することですんだ。作動学としての課題は必ずしも大きくなかったのである。

公務員制度改革の過程を見ると理解できるが、過去の失敗事例が関係者の間でそもそも共有されていなかった。改革を牽引《けんいん》する集団は、よりよいと判断した作動のための制度設計を提案してはいたが、その制度が果たして当初の目的を達成できるのか、副次的作用をもたらさないのか、またそもそもどうやって既存の運用から新しい運用へと「円滑に移行」できるのか、といった諸点に答えるところがなかったのである。

シームレスな改革は世界的現象

そして、こうした意味で「円滑に移行」することを事前に設計する作動学の発想は、日本だけで注目されているわけではない。円滑に移行するとは諸外国ではシームレスすなわち切れ目のない改革とも表現され、世界的な現象でもある。たとえばイギリスでは、二〇一〇年に労働党政権から、保守・自民連立内閣へ交代する際に、政権交代に際して急速かつ全面的な制度変更は可能な限り避け、事前の周到な準備を経て絞り込んだ政策課題から着手すべきことが、権威ある民間のシンクタンクから提言されていた。そこでは、「切れ目のない」政権の移行が行われることが必要であるとみたのである。[9]

またオランダでは、持続的発展のために「移行管理」という決定のスタイルを理論化しようとする論者が登場している。エネルギー政策での抜本的な変更を例に、政府、市場を基盤とするアクター、市民社会の構成要員の三者が多様に関係を取り結ぶ際にどのような移行が可能となるかの分析枠組みを設定する。分析対象となる制度のレヴェルとしては、社会構造のレヴェル、規制制度のレヴェル、研究開発のレヴェルが取り出され、手法についてはヴィジョンをめぐる五〇年を超える長期的戦略、制度と組織とアクターを制御する中期的戦術、短期的な研究開発と現場への移植とに区分けされる。いずれかの部位の「すきま」、すなわちニッチに技術革新の土壌があると見る。提唱されるのは、そこからの技術変動を核に、社会構造・規制制度・研究開発の各レヴェルの変化を組み合わせつつ、全体を誘導すべきことである。[10]

アメリカでは行動経済学でいう「ナッジ」（そっと後押しをするという意味）の理論が、まさに作動学の視点を取っていると言える。その論者の一人キャス・サンスティーンは、オバマ政権時代に連邦政府の行政管理予算局情報・規制問題局長に就任し、行動経済学に基づいた規制の再検討を進める。人々の本能に沿った規制の制度設計が必要であり、その事後検証も同様に重要であるとする「ナッジ」の理論による改革は、作動学的思考を実践したものといえるであろう。[11]

またアメリカの政治学でも、「経路依存」という制度化の過程が過去の決定に制約されているという視角が広く受け入れられるにつれて、近年では制度の革新ではなく、漸進的な変化による制度の定着過程を国際比較で分析しようとする研究が生まれている。制度転換という制度の革新以外に、既存の制度に一部を重ねる「レイヤー型」、「浮遊型」、「置き換え型」といった類型が提示されているのである。[12]

天皇退位と切れ目のない新天皇の即位

情報化が急速に進み、瞬間に大量の情報を処理することが意思決定の現場で求められている。そうした意思決定の仕組みそのものを急激に変更した上で、大量の情報を瞬間的に処理し続けることの負荷は、きわめて大きい。

最近の日本でこれを端的に示した例こそ、天皇退位に関わる議論である。現行の皇室典範に存在しない退位について天皇のお気持ちが表明された二〇一六年八月のビデオメッセージでは「天皇が健康を損ない、深刻な状態に立ち至った場合、これまでにも見られたように、社会が停滞し、国民の暮らしにも様々な影響が及ぶことが懸念されます」という一節があった。突然の崩御《ほうぎょ》と新天皇の即位よりは、「円滑」な移行こそあるべき姿ではないかという改革の方向性が登場したのである。

そしてこれを法制化する際に問題となったのは、特例法として今上《きんじょう》天皇に限る形で法制化するか、恒久法とするかであった。菅義偉《すがよしひで》官房長官は、二〇一七年六月一日の衆議院議院運営委員会で特例法案について「この法案は天皇陛下の退位を実現するものではあるが、この法案の作成に至るプロセスやその中で整理された基本的な考え方については、将来の先例となり得るものと考えております」と答弁した。(13) 恒久法の準備までは時間的余裕がないが、特例法をまずは成立・実施し、将来はこれを先例にすることで「円滑」な移行を図る選択肢を提供することができるという方針である。天皇の即位とは明治天皇以降でも四度しかないごくまれな出来事である。そこでは、あらかじめ入念に制度を作りこんだとしても、その先のケースに当てはまるかどうかは分からない。むしろ先例を適切に蓄積する方が、将来を無理に縛らなくてすむ。十全な制度の設計よりは、可能な制度設計とその作動を目指すこともまた、当面の「円滑」な移行の条件なのである。

抜本的な改革については、一見慎重にならざるを得なくなっているかのようである。そうした時代だからこそ、作動学の視点が重要となる。

インターネットが使われることもない時代であればこそ、人々は早くて電話、通常は文書の交換を通じてコミュニケーションを進めた。そうしたコミュニケーションの速度とともに、制度はゆっくりと動いていた。止めるも動かすも容易であった。ところが、電子空間を通じて、高速かつ大量に情報が交換される現在、制度を止めることはそれ自体が大きなリスクである。むしろ制度を動かしたまま、瞬間に制度を付け替え、速度を落とすことなく新しい制度を稼働させなければならない。そこでは、新しい制度をはめ込んだ瞬間から、円滑にそれが作動することが必要である。だとすれば、制度変更に伴い混乱が生じないだけではなく、十分な高速化に耐えて作動することを事前に予測・検証しておく必要がある。「円滑」な移行を見越す作動学が求められているのである。

四　全体として作動する制度

比較政治学のテーマとしての政官関係

以下本書では、作動学を、近代以降とりわけ戦後日本の政治システムに適用する。「はじめに」で略述したが、焦点は、憲法制定とその運用にあたって、行政各部を結合し、政治リーダーが閣僚となる内閣である。大日本帝国憲法が作動する前に、準備段階として内閣制度が発足《ほっそく》していた。日本国憲法の制定時には、議院内閣制の下での法整備が進められた。そして冷戦終結後には、内閣機能強化の省庁再編が行われ、それが現在の政権交代後の内閣にまつわる諸問題の起源となっている。

そもそも内閣においては、政治エリートは大臣と各省官僚という構図の中で濃密に接触する。政党政治が常態となれば、政党政治家と官僚との関係、すなわち「政官関係」は、比較政治学の一テーマであった。だが、内閣制度の下で政治家と官僚とが相互交渉を行う際に、その関連する制度を全体として視野に収めないと、作動したときに何が問題となるかは見通せない。したがって、政治家と官僚という行為主体をまずは最初の分析次元とすれば、これを支える組織や制度をさらに確定していく必要がある。

図1 「政官関係」の層の概念図

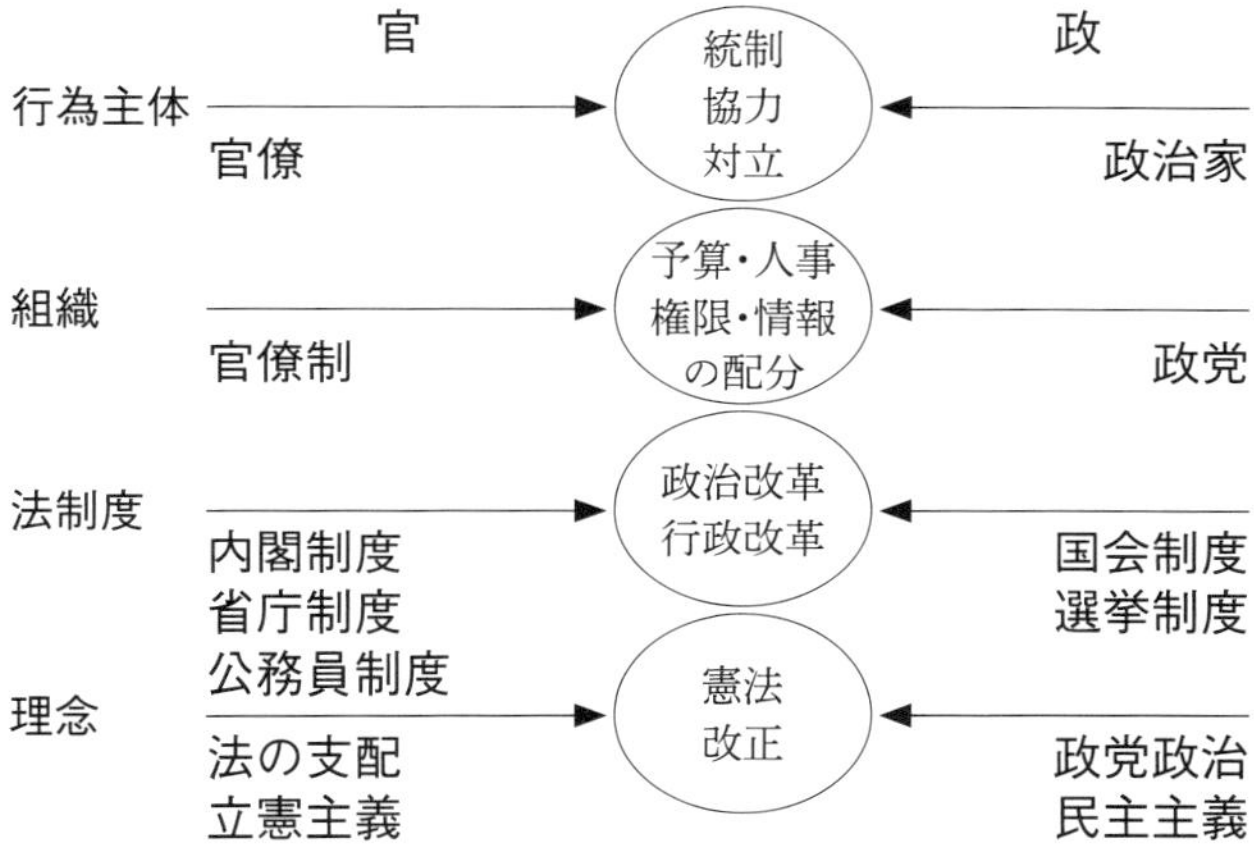

全体の概念図は図1である。行為主体、組織、法制度、理念と、内閣における政と官の関係は層をなしている。政治家と官僚との統制・協力・対立の相互作用を最上層とすれば、その下には、両者が属する組織として政党と官僚制がある。双方が、組織資源としばしば言われる予算・人事・権限・情報の配分をめぐって競合している。政党は具体的な組織であるが、官僚制は官僚全体の集団とする。官僚制自体は、マックス・ウェーバーが定式化した社会学上の概念でもあるが、現実の官僚集団は、概念としての官僚制にあてはまる行動様式をとりつつも、各国固有の集団化を図ってもいる。アメリカのように上層部は政治的任用であり、職業公務員は中位・下位を中心に占める場合もあれば、フランスの

ように高級官僚が出身大学ごと、主として属する組織ごとにゆるやかな集団を形成している場合もある。日本の場合は、キャリアとノンキャリアに区別され、さらに各省ごとに肌合いが異なる。こうした各国ごとの特色を含めて官僚制とここでは位置づける。

そこからさらに層を掘り進めると、国会制度・選挙制度が政党の基礎にあるのに対して、内閣制度、省庁制度、公務員制度を、官僚制を支える制度群と位置づけることができる。実は官僚自体はここからさらに裁判所、地方自治体などにも広がっている。こうした広い制度群が相互に連結して、憲法は全体として作動しているのである。

そして、制度を基礎づける理念としては、政党政治と民主主義が政の系統を全体として価値づけるのに対して、官の側では法の支配・立憲主義がその価値である。二つの価値を区別すると、憲法改正論の位置づけが明らかになる。一方で政治の側から提起された憲法改正論が、官の制度を大きく変えていく。他方で、官の側から法技術的な憲法解釈の変更が提起されるのである。

制度改革の政治家・官僚への影響

このように現象として確認できる政治家・官僚の行動を、その制度的根拠との関連で掘り下げて理解していく。すると、制度改革が、他の層にどう影響を与え、最終的にどのように政治家・官僚の行動を変化させていくかという連関を層と層の間に目配りしながら理解できる。

たとえば、一九九〇年代の選挙制度改革としての政治改革は、政党の構造を変え、政治家の行動様式を変化させた。その結果、政権交代により、国民の信任を得たとして、民主主義による正統性を背景に、政治家は官僚に対して「政治主導」の意思決定を目指して、強圧的姿勢で臨む。

では、官僚の側の制度変更はどうだろうか。内閣機能強化の改革によって、各省の割拠《かっきょ》性が弱まったとすれば、内閣官房に集結し強力化した官僚集団は、政治家の統制に対して、いくつかの選択肢を持つ。一つが小泉純一郎政権時代のように、これと協力しつつも、逆に自律性を保つという方向性である。もう一つは、第二次以降の安倍政権時代のように、相当程度従属するという選択肢である。

以上のように、政治家と官僚との関係は平面的な対の関係ではなく、案件に応じて局面が異なる関係の総体であり、制度改革との関係も制度の層、組織の層の変化によって、それぞれの行動様式は変容する。

次の問題は制度の範囲である。統治機構においてはあまねく官僚すなわち公務員が活動している点を勘案すれば、すべての統治機構の機関が含まれる。政治という面からは内閣と各省が焦点となるが、これと対抗関係に立つ独立性のある機関は、独立行政委員会のように委員は民間の有識者などであっても、事務局には官僚が配属され、内閣・各省と連絡をとることが通例である。これらは必ずしも政治性を持たないが、内閣・各省を監督したり、統制したりする。原子力行政における原子力規制委員会、地方分権改革における国地方係争処理委員会のように、制度設計上もこうした機関を置くことで、制度の公正な運用を担保することはしばしば行われている。こうした独立機関と政治の対抗関係も視野に入れつつ、制度間の関係、政治家・官僚の行動などを考えなければならない。

五　同時代史として見た改革の作動

問題解決の鍵としての成功事例

それでは、このような層をなす構造のもとで、政策過程の中を政治家・官僚はどう行動するのであろうか。行動の予測は確実ではないが、過去の改革事例の中で、必ずしも成功していない改革については、欠けていた視点や改革の障害を挙げることは困難ではない。工学分野では、実験やプロジェクトの成功ではなく、失敗事例に目を向け、その原因を探究することで失敗を回避しようとする「失敗学」が提唱されている(14)。その応用として「改革の失敗学」としての作動学なるものを考えることができる。

そもそも、改革が失敗すること自体は、珍しいことではない。すると、失敗事例の原因を探究することも重要だが、成功事例を発見し、その原因を発見することも必要になる。数少ない成功事例にこそ、問題解決の鍵が隠れているはずだからである。失敗学と成功学との双方の視点を持つことが必要となる。それこそが改革学の先を行く作動学の視点となるのである

現実の改革は従来の改革の蓄積の上に立つ。アメリカの連邦政府の行政改革を歴史的に俯瞰したポール・ライトは、改革の動向の特徴として、蓄積性・包括性・矛盾内包性・加速性の四つをあげている。[15]ライトが特に重視するように、改革の事例とは必ずしも単体で失敗・成功を評価できず、以前の蓄積が作用することがむしろ常態である。したがって改革の失敗と成功を考え直す際に本書では直近の歴史を振り返り、その文脈の中で考えていきたい。それは明治から太平洋戦争にかけての長命のジャーナリスト三宅雪嶺《みやけせつれい》の『同時代史』(岩波書店、一九四九〜一九五四年)と似た営みである。三宅は、自身が政論を本格的に執筆した雑誌『日本人』を創刊した一八八八(明治二一)年以降、同時代と併走し続けたが、後になって自らが生まれた一八六〇(万延元)年からの時代を振り返り、編年体で叙述する。その際に三宅は、とりわけ大日本帝国憲法制定までは、制度改革後の作動状況にきめ

細かく目を配っている。太政官《だじょうかん》制を内閣制に変えた一八八五（明治一八）年の内閣職権は年末の一二月二二日に施行され、二三日に官吏の職務遂行の規定となる官紀《かんき》五章が発表された。翌八六年の新年を三宅はこう記している。(16)

例年の事ながら、特に本年の新年は、大官の門前に、官吏の得意なる者、失意なる者、相ひ錯綜して市を成せり。制度改革は前より準備せられしも、昨年の末に迫りて突発し、寝耳に水の如き感を与へたり。……（中略）……新制度の下に、大官に於て下官の能不能を弁識し、情実を排斥し、淘汰を断行せるに相違なけれど、他より観れば有能が必ずしも有能ならず、無能が必ずしも無能ならず、依然情実の混入するなきに非ず。されど悉く大官の意の儘にして、不平家も之を奈何《いかん》ともするに由なく、苟《いやしく》も官途に就かんとせば、現任者の夤縁《いんねん》を辿らざるを得ず。新年早々官界に大恐慌の捲き起れる状態にして、到る処、其の噂ならざるは無く、綱引き人力車が八方に飛ぶ。

あるいは帝国議会の開設に際して三宅はこう記す。(17)

当初国会開設を以て非常の事業とし、殆ど革命に臨むの意気にて事に当たり、其の開設前に政府の成すべきを成し、国会に動かされざらんことを欲せるに、新たに着手すると共に、別に緊急の必要に接し、初めに憂へし所の必ずしも憂ふるに足らず、憂へざりし所の却て憂ふべきを覚ゆ。……（中略）……

帝国議会の準備に関して当事者が努力し、略ゝ予定通りに行ひ得たりと謂はゞ謂ふべく、若し今一層注意深かりしならば、開設後幾年か無用の衝突を避くるを得たるべし。

三宅は、こうした同時代の制度改革において、その準備と作動後の状況をきめ細かくとらえる。またそこでの混乱を批判しつつ、活写する。新しい制度の作動とは、混乱という悲喜劇の場でもある。そうした悲喜劇をどう予測できるか、あるいはどう回避できるかといった視点が制度を見る上で必要なのであり、こうした叙述の姿勢は本書のモデルの一つである。

小泉純一郎政権という改革の成功事例

三宅と同様、現段階では、平成政治史は、ジャーナリストによって執筆され始めている。政治記者の後藤謙次《けんじ》の『ドキュメント平成政治史1～3』（岩波書店、二〇一四年）や、政治・経済記者の清水真人《まさと》の『平成デモクラシー史』（ちくま新書、二〇一八年）である。豊富なインサイダーの発言についての取材を通じて、政界や経済政策の舞台を活写するこれらと比べて、政官関係に焦点を絞る本書では、別の素材を用いる。依拠する資料は、政治家や官僚の回顧録やオーラル・ヒストリーなどでの発言に加えて、同時代を観察した政治学など社会科学の研究者の分析、ジャーナリストの批評文である。いずれもその時代のうちとりわけ制度の作動を観察した記録として、現在から振り返って息が長く妥当するものを取り上げる。また制度理論の動向は概《おおむ》ね先進諸国の改革動向と同調しており、それは、世界の社会科学の関心の対象でもあった。したがって、本書では、諸外国を含めた制度の理論を踏まえながら、この時期の政官関係を全体として扱っていきたい。

同時代史的観察からみると、改革についてのとらえ方に変化が生じていることを出発点にしなければならない。というのは、一九九〇年代までは、改革は政治圧力の中で原案から「後退」していくものと問題視されて報道されたが、小泉政権が郵政解散の後、郵政民営化を結果として実現させていくにつれて、次第に改革は実現するはずのものと思われ始めたからである。改革の「後退」は、政権に抵抗する族議員と官僚によるものであり、小泉政権が本格化させた「官邸主導」であれば、これを打破できるという期待が広まった。小泉政権後とくに第一次安倍政権が改革の失敗とともに突然退場すると、改革がなぜ失敗するのかという不満が社会の側から発せられていく。その頂点が二〇〇九年の政権交代であった。「政治主導」による大胆な改革を掲げたマニフェストとともに政権を組織した民主党は、一時は有権者の高い期待を背負った。鳩山由紀夫《はとやまゆきお》、菅直人《かんなおと》、野田佳彦《よしひこ》の各政権が組閣当初きわめて高い支持率であったことがその例証である。だが結果は惨憺たる失敗に終わり、民主党政権には強い拒否感情が残った。

それならば小泉政権の成功とは何だったのであろうか。道路公団民営化、郵政民営化など改革案を掲げたものの、小泉政権は大きな困難に直面し続けた。だが、同時代からはそう注目はされなかったが、小泉政権の最大の課題の一つは、前の歴代内閣が掲げた大きな改革、二〇〇一年の省庁再編、裁判員制度の導入などの司法制度改革といった大改革を実施することであった。これらを政権は、順次作動させたにもかかわらず、その作動においてとくに混乱はなかった。混乱があったとすれば、改革を掲げて「自民党をぶっ壊す」と小泉首相が敵意を燃やした与党と政権との闘争の局面であった。

よって、なぜ小泉政権は作動を円滑に進められ、以後の政権とりわけ民主党政権はなぜ次々と失敗したのかという問いが立てられる。小泉政権当時、改革を実施した途端、その作動で問題が生ずるとは考えられていなかったため、なぜ成功したのかという問いを立てる余地がなかった。しかし、現在の視点では、あれほどの大改革を一気にさばくことができたのには合理的な理由があると考えざるを得ない。つまり、区別しなければならないのは、改革案をまずは作成し、法案にするという過程と、これを実施する過程との二つである。これまでは前者についての成功・失敗が議論されたが、後者についての成功・失敗も議論しなければならないのである。前者の過程で作動上の諸問題を見通すことは制度設計の課題としてこれまでもある程度は認識されてきた。これに対して後者の過程こそ、作動学が切り開くべき対象である。そして作動学からみると、小泉政権は発足後にまず改革の実施という作動に成功し、その余勢を駆《か》って、郵政民営化などのみずから掲げた改革を成功させたととらえられる。

「改革」に際しての五つの選択肢

逆に、民主党政権は、制度の導入とその作動を発足時から一斉に始めようとした。政権の失敗の理由はこの二重の困難な課題を、政権発足時から引き受けたことである。とはいえ、日本の憲政史上、初めて少数野党が衆議院総選挙で過半数議席を占め勝利した後、政権についたことを想起すれば、自民党が与党であった時代に戻すことのできない大きな変化を生み出してもいる。政治主導を決定的に根付かせ、情報公開によって、過去の自民党が与党であった時代の問題点を浮き彫りにしたのである。同様に、第二次以降の安倍政権は、自民党として初めて少数野党が選挙により過半数議席を占める与党となった後、政権に復帰することで成立した。政権発足から五年半以上が経過して、失敗が様々な場で現れてきたが、成功要因との関係も含めて考えることによって、その歴史的位置も浮かび上がるのである。

そもそも、政権の成立、とりわけ政権交代の際には、新政権は新制度を作動させるか、旧来の制度の運用方法を変えつつ作動させるかという選択を迫られる。前者における失敗とは、新しい制度を導入するという改革そのものの失敗である。これに対して、後者の旧来の制度の運用を誤るという失敗も、生じがちである。既存の制度をそのまま運用して円滑に執務を行っているだけでは、単なる現状維持であって成功とは言えないため、運用を劇的に改善して、政権の新しさをアピールしようとしがちだからである。とはいえ、運用を改善するとしても、従前が円滑に作動している以上、それと比べて相当程度運用が良好になっていないかぎり、成功とは言い難い。制度の運用で斬新な試みをするといった対応の評価は、もっぱら作動学の対象であることが理解できるであろう。運用の改善とはリスクの高い「改革」であり、このように改革の提案と実現をさらにその作動まで含めてとらえることが本書の課題である。

以上を整理するならば、改革の場合、①改革の提案という課題設定、②改革案の成立という政策決定、③改革案の実施・作動という三つの局面があり、改革案の成立が不要な制度の運用に際しては、①運用の保守、②運用の転換という二つの選択肢がある。これら五つの選択肢をどう組み合わせるかが、政権の広義の「改革」に対する戦略である。各々とその組み合わせの成功と失敗を本書では同時代史として検討していきたい。

六　作動学から見た二一世紀日本政治の時代区分

こうして作動学から同時代の制度をとらえるためには、少なくとも小泉政権までさかのぼって、もう一度時代順に出来事を配列してみることが有効であろう。何が起こり、その後のどの事件に結びついたのか、線を引き直してみるのである。すると、直近の時代区分も、これまでとは異なるとらえ方が浮かび上がってくる。これまでとらえられてきた流れとは、

安定した官邸主導：小泉純一郎政権

↓

不安定な政権：第一次安倍晋三・福田《ふくだ》康夫《やすお》・麻生太郎《あそうたろう》政権

↓
第一の政権交代：民主党政権
↓
第二の政権交代：第二次以降の安倍政権

となる。これは自民党中心の強力な政権を小泉政権の終了で区分し、政権交代を画期《かっき》とするという見方であり、概ね同時代の受け止め方としてみたターニング・ポイントである。

だが、制度の作動という観点からみた場合、作動に決定的に失敗したのは、第一次安倍政権と民主党政権である。それに対して、福田政権・麻生政権は制度の作動をある程度復帰させた。しかも、そこでの主要施策は、公文書管理制度の構築、消費税増税のための財政法改革、社会的包摂《ほうせつ》の施策の着手など、民主党政権が結果的に継承することになるものであった。つまり福田・麻生政権から民主党政権は、制度の作動に差はあるものの、連続性もある。民主党政権から第二次安倍政権への政権交代は、作動の変化からみた場合、自民党中心の政権への復帰ではなく、民主党政権が推し進めた制度作動の変更をより現実的な形で深化させたものであり、その点では政権交代を超えて継承されている。また第二次以降の安倍政権の特徴は、安保関連法の制定のように、第一次政権の「戦後レジームからの脱却」という路線を部分的に再建したものでもある。このように、大きな断絶は小泉政権と第一次安倍政権、第一次安倍政権と福田政権との間にある。そして福田・麻生政権以降は、二度の政権交代が画期ではあるが、そこには連続性もある。福田・麻生政権から民主党政権では透明性が一層進展し、民主党政権と第二次安倍政権では、政治主導の政策決定は共通していた。

そこで、新たな時期区分として、

安定した官邸主導：小泉政権

←

制度作動の失敗：第一次安倍政権

←

制度作動の再建と透明性確保：福田・麻生政権

←

制度作動の抜本的変更と透明性進展：民主党政権

←

制度作動のさらなる変更：第二次以降の安倍政権

という形で時代の特性を浮き彫りにしてみる。麻生政権は福田政権の重要法案を成立させており、その意味では一体とみることができる。制度の作動が第一次安倍政権以降、次第に形を変える。その変化の質が異なることは、制度作動の成功と失敗についても、時期ごとにより精細にとらえなければならないことを意味している。

次章では、まず現在の第二次以降の安倍政権の到達点を眺めてみたい。

---

(1) 坂野潤治『明治憲法体制の確立』東京大学出版会、一九七一年。
(2) 牧原出『内閣政治と「大蔵省支配」』中公叢書、二〇〇三年。
(3) 松下圭一『市民自治の憲法理論』岩波新書、一九七五年。
(4) 西尾勝『未完の分権改革』岩波書店、一九九九年。
(5) クリストファー・フッド『行政活動の理論』岩波書店、二〇〇〇年、一六九〜一八一頁。西尾勝『行政学(新版)』有斐閣、二〇〇一年、第一四章。
(6) 西尾勝「制度改革と制度設計　上・下」『UP』一九九九年七・八月号。
(7) 「『公務員制度』放浪記　最終回」『月刊官界』二〇〇二年八月号、一五三頁。

(8) 西尾勝『自治・分権再考』ぎょうせい、二〇一三年、七四頁。

(9) Anne White and Patrick Dunleavy, *Making and Breaking Whitehall Departments: A Guide to Machinery of Government Changes* (Institute for Government, 2010).

(10) Derk Loorbach, *Transition Management: New Mode of Governance for Sustainable Development* (International Books, 2007); Derk Loorbach, "Transition Management for Sustainable Development: A Prescriptive, Complexity-based Governance Framework," *Governance* 23 (2010): 161–183; John Grin, Jan Rotmans, and Johan Schot in collaboration with Frank Geels and Derk Loorbach, *Transitions to Sustainable Development: New Directions in the Study of Long Term Transformative Change* (Routledge, 2010).

(11) キャス・サンスティーン『シンプルな政府』ＮＴＴ出版、二〇一七年。

(12) James Mahoney and Kathleen Thelen, "A Theory of Gradual Institutional Change," in Mahoney and Thelen, *Explaining Institutional Change* (Cambridge University Press, 2010).

(13) 菅義偉国務大臣発言（『第百九十三回国会衆議院議院運営委員会議録第三十一号』二〇一七年六月一日、四頁）。

(14) 畑村洋太郎『失敗学のすすめ』講談社文庫、二〇〇五年。

(15) Paul C. Light, *The Tides of Reform: Making Government Work, 1945–1995* (Yale University Press, 1997): Ch.6.

(16) 三宅雪嶺『同時代史　第二巻』岩波書店、一九五〇年、二六八頁。

(17) 三宅、前掲書、三九一～三九二頁。

第二章　行き詰まる第二次以降の安倍晋三政権

——今何が動き、何が動かなくなっているのか

一　崩れかけた行政

第二次安倍政権発足後の特徴

二度の政権交代を経た第二次以降の安倍晋三政権は、五年半を超える近年まれに見る長期政権となっている。政権の主要な幹部の交代がないまま安定政権となるかと思いきや、日本の政治史にこれまで見られなかった真新しい現象として、衝撃を与えたのが「行政の崩壊」である。防衛省の日報問題、厚生労働省の裁量労働制法案におけるデータの不正使用、文科省における加計学園獣医学部設置に対する省内文書の流出、そして財務省における森友学園問題での公文書改竄である。いずれも各省において深刻な亀裂があることが露呈している。そしてこれらの事件が発覚するには、組織内でのサボタージュや何らかの非公式の内部通報としてのリークがあったことがうかがえる。以前の政権ならば、早期に対処できたはずだが、現在はただただ手をこまねいて傍観しているように見える。

これらは、政権交代後五年間一人の首相の下で継続した長期政権の矛盾が一斉《いっせい》に吹き出した結果であり、日本政治が経験したことのない新しい局面に入りつつあることを意味している。

まず確認しておきたいのは、二〇一二年に発足した第二次安倍政権は、第一次政権以来の安倍首相の反省や、民主党政権の失敗から多くを学習して、安定的な政権を構築してきたように見えたことである。(1)

第一に、政権発足直後に大改革を断行するのではなく、アベノミクスの導入による経済政策の転換にとどめ、二〇一三年の参議院選挙での勝利後徐々に新しい政策に着手したことである。政権発足時の混乱を最小限にするために、政策転換の対象を絞ったのである。

第二に、以後二〇一四年の総選挙での勝利、二〇一六年の参議院選挙での勝利、二〇一七年の総選挙での勝利と続けて野党を圧倒することで、首相の強力なリーダーシップを確保した。それをもとに官邸は各省に対して強い影響力を発揮した。

第三に、政権を組織するに当たって、首相・総裁経験者を閣僚・党幹部に起用し、有力な大臣ポストに安倍首相に近く政策能力の高い政治家を任用することで、自民党全体をチームとして組織し直し、首相を中心に政策を推進する体制を確立した。

第四に、菅義偉官房長官を中心に、突発的事件に対して早急に対処できる組織を作り上げた。政権発足直後に起こったアルジェリアのテロ事件への対応を含めて、危機管理に強い政権となったのである。

ふりかえると二〇〇六年に発足した第一次安倍政権が一年という短期で崩壊してから、

一年刻みの政権が続いていた。特に二〇〇九年の政権交代で成立した民主党政権は、当初の期待を大きく裏切り、政権交代の可能性のあるシステムとしての政治のあり方に対して、多大な不信感を生み出した。第二次安倍政権が短期で崩壊すれば、政権交代そのものへの疑問がさらに増したであろう。それを克服し、五年を超える長期政権を維持した点で、第二次以降の安倍政権は、政権交代のある政治の仕組みへの不信に一定程度の歯止めをかけたはずであった。ところが、こうした政権が急速に行き詰まり始めた。当初民主党政権の「政治主導」にうんざりしていたはずの官僚の中で、安倍政権への拒否反応が出始めているようである。一体何が起こったのであろうか。

官邸崩壊と行政崩壊

「行政崩壊」と言えば、ほぼ唯一類似した現象こそ、二〇〇七年、第一次安倍政権の末期に指摘された「官邸崩壊」である。問題の起源はここにさかのぼると、とらえてみたい。この内閣から急速に自民党を中心とする内閣の凋落《ちょうらく》が始まったという意味で、それ以前とは明らかに局面が異なるからである。

第一に、当時野党であった民主党が鋭く責め立てたのは、社会保険庁の年金管理がずさんなまま放置されていた「消えた年金問題」であった。これに象徴されるように、官僚をコントロールできずに長期にわたって政権を占め続けた自民党の構造的欠陥が表面化した。社会保険庁の官僚たちのずさんな業務を長年にわたって自民党政権が放置しており、それへの対処、責任の取り方も不透明な状況が続いたからである。

第二に、次ページの図2は小泉純一郎政権以後の内閣支持率の変遷である。ここから読み取れるように、第一次安倍政権以後、毎年の通常国会で内閣支持率が急降下する現象が続いた。それは一年だけの短命内閣であった以後の一連の内閣のみならず、第二次安倍政権に入ってからも、ほぼ例年の現象である。ただし唯一、二〇一六年は例外であり、この年は北朝鮮のミサイル危機が深刻化し、アメリカでは大統領選挙でトランプ候補が当選するなど、国際情勢が急速に不安定化した年であり、政権の外交能力への期待が高まったことが考えられる。そういった特殊な情勢でもない限り、通常国会の期間中の内閣支持率の下落は、パターンとして定着しつつある。

そして第三に、「官邸崩壊」と当時言われたように、第一次安倍政権は、肥大化した官邸において閣僚とスタッフが相互に反目し合い、政権が機能しなくなった。以前の小泉政権から内閣官房は定員を増大させていたが、それを継承した第一次安倍政権は肥大化した官邸を十分に管理できなかったのである。(2)

官邸崩壊自体は、続く福田康夫・麻生太郎両政権で収拾されたかに見えたが、民主党政権で再度露呈し、結局は現政権でもまた登場しつつある。

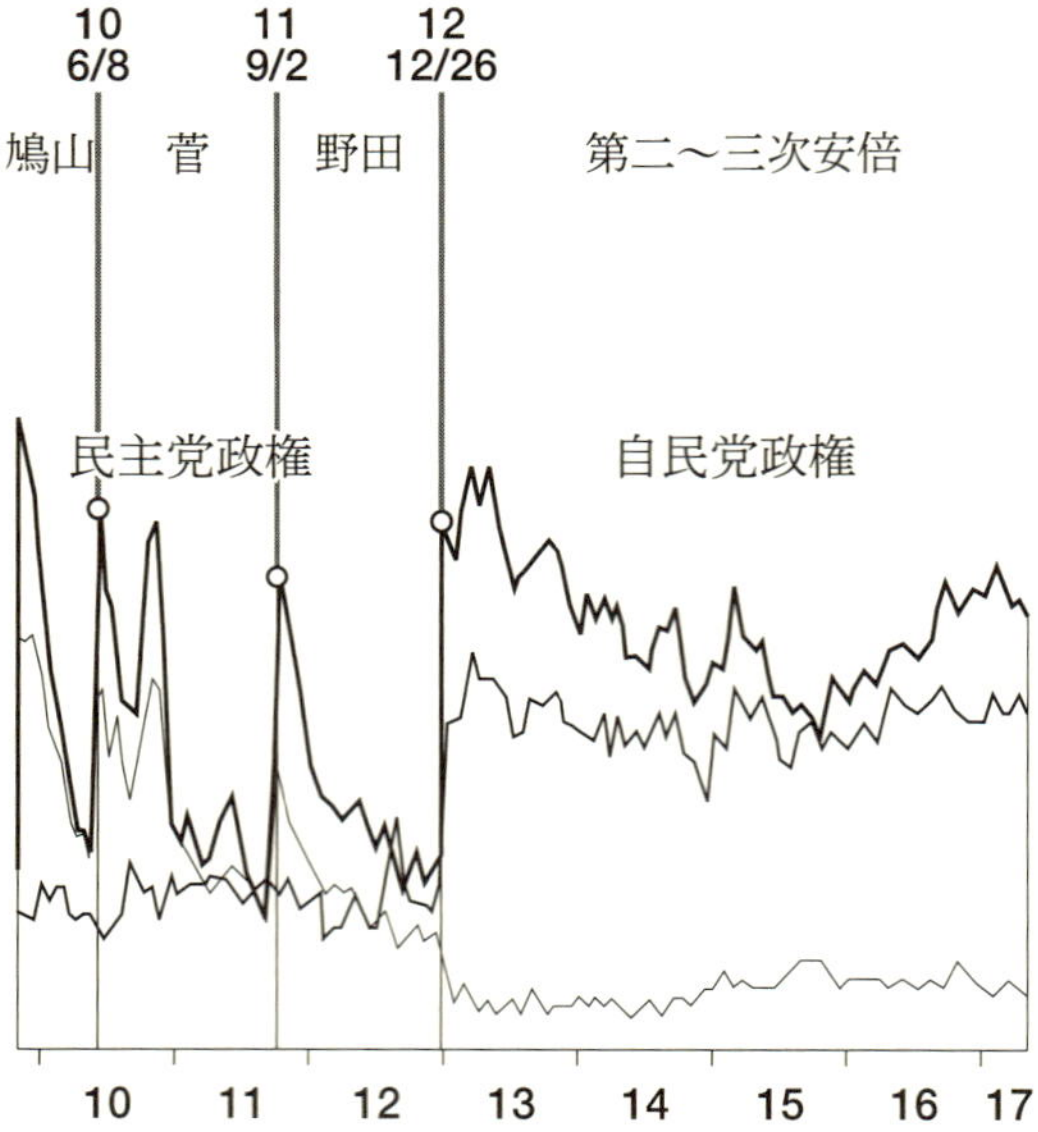

朝日新聞デジタル2017年5月29日掲載データより。

持続する「脱官僚依存」

このように、政治の官僚に対するコントロールの困難性、内閣支持率の毎年の低下、肥大化した官邸の崩壊リスクといった諸問題に直面し続けているのが、第一次安倍政権以後の特徴となっている。その理由はおのおの別個であろうが、共通して言える初期条件としては、自民党長期政権時代に抜きがたく形成された官僚依存の政策決定、二〇〇一年の省庁再編以後の

図2 歴代内閣支持率と政党支持率

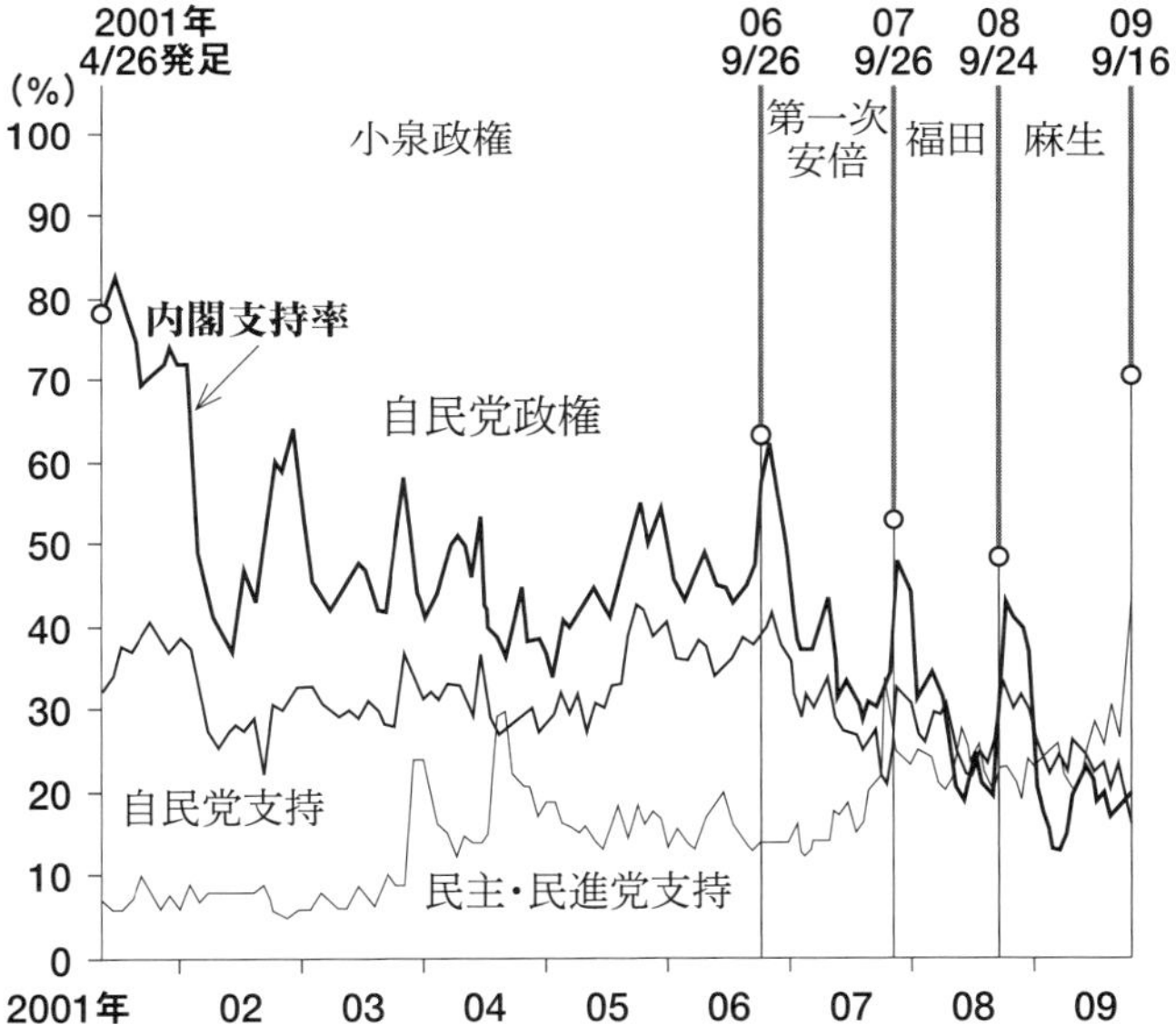

官邸運営の困難さ、首相への信頼度を高めることで政権が安定するという小泉純一郎のリーダーシップ・モデルの呪《じゅ》縛《ばく》がまずは挙げられる。

これらへの効果的な対応は二つ考えられた。一つには「政治主導」である。従来の自民党が官僚に依存していたのだとすれば、「脱官僚依存」の政策決定を「政権交代」によって求めていくべきだということになる。この民主党が唱えた「脱官僚依存」という枠組みは、二〇〇九年の民主党政権に限られず、二〇一二年に成立した第二次以降の安倍政権もまた、踏襲《とうしゅう》した。それも、内閣人事局での人事統制を通じて貫徹しつつある。

また二つ目の対応は、選挙で勝利し続けることであった。二〇〇九年の民主党政権は、政権奪取には成功したものの、続く参議院選挙では勝利できなかった。これを克服したのは、やはり第二次以降の安倍政権であった。

ところが、現在の「行政崩壊」の端緒《たんしょ》となったのは一七年二月に国有地の不当な値引きによる払い下げの疑惑として明るみに出た森友学園問題であり、問題がさめやらぬ中、一〇月の総選挙で自民党は勝利した。にもかかわらず以後、崩壊はより深刻化しているのである。もはや選挙での勝利も問題解決にはならない。

では、「脱官僚依存」が結局何を生み出したのか。この時期を俯瞰すると、民主党政権は、各省の政務三役中心での意思決定を性急に進めるあまり、官僚をそこから過剰に排除し実務の実態に触れられぬまま崩壊した。これに対して、第二次以降の安倍政権は、内閣人事局を通じた幹部人事の統制により、官僚制に官邸から過剰に介入したことで「行政崩壊」を招いたと言える。その内実をさらに検討するため、ここでは三つの観点からとらえ直したい。一つには、政権による官邸という中枢の掌握と官邸・各省関係である。二つには、政権中枢から独立した機関の動向である。三つには、政策決定手続きの変容である。

二　組織類型からみる政権の限界

政権中枢と各省

まず政権中枢という内閣官房を中心とする機構について考えてみたい。第一次安倍政権の作動不全をさかのぼると、一九九八年の参議院選挙後のねじれ国会に行き当たる。金融早期健全化法・金融再生法の審議の際に、与野党間の修正協議で「政策新人類」の一人として華々しく登場し、政策能力はあったが、忍耐を要する調整能力に欠けていた人物を官房長官にしたことで、閣内のコントロールが働かなくなった。

混乱を極めた民主党政権もまた、「政策新人類」と同質の有力議員が閣僚に多かったことが政権崩壊の主な原因である。

これに対して、第二次安倍政権は、忍耐力と調整能力をともに備えた菅義偉官房長官を発足以来交代させていない。これに内閣人事局の設置が加わり、官房長官を中心に各省への人事統制が強固に及んだ。また、政務の官房副長官には、加藤勝信《かつのぶ》、西村康稔《やすとし》といった官僚出身の議員が抜擢《ばってき》され、政策能力の面で官邸を補佐している。

他方で、官邸の官僚人事については、第一次安倍政権は公募で内閣参事官約一〇名を各府省から選任し、官邸スタッフの拡充に努めた。民主党政権下では、菅直人政権の仙谷由人《せんごくよしと》官房長官のもとで秘書官が増員されている。この傾向は現内閣でも同様である。

だが、大きな分水嶺《ぶんすいれい》があるとすれば、第二次以降の安倍政権は伝統的に財務省からの出向者が優位であった態勢を刷新した点にある。一つには経済産業省出身の今井尚哉《たかや》秘書官を筆頭に首相秘書官の組織化が進んだ。二つには、警察庁出身の杉田和博《かずひろ》官房副長官を中心に警察からの情報を集約させている。

このような官邸を作動させるときの枠組みとして、民主党政権が一度廃止した事務次官等会議を各府省連絡会議として再開したことを受けて、第二次以降の安倍政権は次官連絡会議と名称変更して運用している。かつての事務次官等会議として各省調整の要とするには、議長としては事務次官経験のない杉田官房副長官では不十分である。事務次官経験者でなければ分からない問題を抱えた事務次官に対して、その経験のない官僚が適切な助言や指示を十全には出せないであろう。このようにかつての事務次官等会議は、官僚による官僚制の諸問題を処理するために有用な制度であった。これを復活させていない政権は、高度な省間調整を官僚制内部で自律的に処理する体制をとらせない方針を明確にしている。

したがって、政治家なかんずく官房長官が官邸官僚を一元的に統制する体制が、当初はとられた。迅速な対処を目指した危機管理と、官房長官の指示による強力な省間調整が可能となった。

しかし、ここで考慮すべきなのは、その対象が必ずしも政権の全体に及んでいないことである。従来官房副長官人事がほぼ旧内務省出身者で占められてきたように、官房長官・官房副長官・事務次官等会議という枠組みは内政上の政策課題に対応することが主眼であった。これに対して、経済政策面での調整は、経済財政諮問会議など内閣府に調整機関が置かれており、ここを従来は財務省が遠隔操作していた。「アベノミクス」を主要な政策とする現政権の場合、そうした財務省の影響力を排除するためにこそ、経済産業省出身のスタッフが陣頭に立った。二〇一六年の伊勢志摩サミットで安倍首相が「リーマン・ショック前に似ている」という説明をデータとともに行ったところ、各国首脳からそうした危機の再来可能性について同意を得られなかったという一件が話題となったが、こうしたデータと発言を準備したのは、今井秘書官を中心とする集団であったのは当時から報道されていた。

このように、政権では菅官房長官を中心とする内政事項・危機管理を扱う系統と、経済政策を扱う系統とが別個に併立していた。これに国家安全保障局と外務省からなる対外政策を決定する系統もあり、こちらは安倍首相から直接指示をうける関係に立っていた。

以上三つの系統のうち、問題をはらんでいたのが、今井秘書官を中心とする経済政策の系統であった。たとえば、対外政策では、今井秘書官と谷内正太郎《やちしょうたろう》国家安全保障局長との間に深刻な対立があることはすでに報じられており、今井秘書官自身インタビューの中で認めているところである。(3)

これに輪をかけて深刻なのは、各省、日本銀行、経済界など関係団体が多数である経済政策である。ここでは、首相の指示のもと一部の官僚集団が作動するだけでは立ちゆかない。だからこそ財務省は組織一丸《いちがん》となって、「根回し」を進めて、政策の実現を目指してきたのである。単純比較で言えば、財務本省各局の定員総数は現在の肥大化した内閣官房の定員の二倍である。官邸の政策課題が経済政策以外にも安全保障、人事など多岐にわたることを想定すれば、経済政策の根回しを、官邸とそれと密接に関わる集団が行おうとしても、圧倒的に人員が不足しているのである。

しかも、こうした少数の官邸の官僚集団は、本来的には各省との間で指揮命令関係に立たない。そこでは互譲による政策論争があるべき姿となる。だが、政策論争に持ち込むほどの専門知識を持ち合わせないこれらの官僚集団が、自らの意向を押し通すには、国家戦略特区制度の運用に表れたように、「首相案件」として各省の異論を制圧し、原案を強行する以外にはない。このように専門知識で劣った上に、指揮命令関係を曖昧《あいまい》にしたまま指示を連発すれば、責任の所在もまた不分明となる。政策が失敗したときに、この仕組みは破綻《はたん》せざるを得ない。

独立機関と政治の関係

もっとも、政官関係とは、政権中枢と各省の関係だけではない。実際に「官僚」は、各省以外に、政権周縁の第三者的な「独立機関」の事務部門を掌握している。これらの機関は、政権に対して独立した立場から実質的には様々な監督と統制を及ぼす。これが委員会の形態を取れば、政府外の専門家などが委員の多数を占めるなど多様である。とはいえ、子細《しさい》に観察すれば、こうした独立機関と官邸とが見解を異《こと》にする場合には、機関の事務部門の官僚たちは公式・非公式に官邸との連絡調整に携わることが通例である。すでに指摘されている例では、最高裁判所で事務総局での勤務が長く、「ミスター司法行政」といわれた矢口洪一《こういち》元長官と内閣官房副長官・政治家時代の後藤田《ごとうだ》正晴《まさはる》との長期にわたる交流があげられるであろう(4)。特に独立機関と官邸とが見解を異にする場合は、そうした連絡調整は、見解の対立が表面化した際の事後処理においてこそ重要な意義を持つのである。その意味で、政官関係は、一見官僚が担い手ではない機関を含めて広く見渡す必要がある。

実はこうした機関と政治との関係を最初に問題視したのは、民主党政権であった。事態をより多様にとらえ直すため、ここでは内閣の指揮下に入る省とは異なる組織で、独立性を一定範囲でもつ機関を幅広く検討してみることとする。

たとえば宮内庁である。二〇〇九年に中国から習近平《シー・ジンピン》副主席が来日する際に天皇との会見を求めたときのこと。小沢一郎《おざわいちろう》幹事長の強い要請で、従来の慣行であった三〇日前までに会見の申し入れを宮内庁に対して行うという「三〇日ルール」を破って「特例会見」を実現させたのがその例である。第二次以降の安倍政権も、宮内庁管理下の建築物を観光目的で開放するなど、宮内庁への圧力を強めていた。その上で二〇一六年八月、突如天皇サイドから発せられた退位のメッセージは、天皇・宮内庁と政権との間の微妙な対抗関係を浮き彫りにしたのである。

さらに内閣法制局をとりあげよう。この組織は、内閣に附属する機関であるが、独自の高度な法令解釈と立案能力によって、内閣とは独立した判断をとってきた。とりわけ自民党と社会党とが安全保障政策をめぐって鋭く対立していた時代には、政府の憲法解釈を長官が国会で答弁することによって、両党の合意形成を補佐した。政府の答弁を野党の社会党が了承することで国会審議が進む。政府の方向性を前提にしつつも、社会党が是認しうる解釈をどう編み出すかが歴代の長官には問われた。そのときに内閣法制局は、政治的中立を事実上標榜《ひょうぼう》したのである。

だが、こうした内閣法制局は、政治家による国会討論を基軸にしようとした民主党政権にとっては批判の対象であった。民主党政権は、内閣法制局長官の国会での発言を止め、大臣が代わって答弁することを目指したが、法制担当の仙谷由人官房長官が自衛隊を「暴力装置」と発言して、野党からの問責決議の可決にあうなど、円滑な政権運営の障害となったため、結局は内閣法制局長官の国会での答弁を復活させるという事態となった。

他方で、安倍首相の側は、すでに第一次政権時代に、集団的自衛権の憲法解釈変更をめぐって内閣法制局と激しく対立した経緯があり、第二次政権ではこれへの徹底的な統制を目指し、長官を財務、経産、旧自治、法務から抜擢する従来の慣行を破って、外務省出身者の小松一郎《こまついちろう》を据えた。これによって、従来の憲法解釈を変更するといういまだかつてない閣議決定を根拠づけた内閣法制局は、民主党政権やそれ以前の小泉政権時代と比べても、国会での長官の発言回数を増大したが、その内実は従来のように政権とは距離を置いた立場からの法制執務ではなく、政権への従属であった。

そして、近年メディアが指摘しているのは、法務省人事への介入である。法務省自体は、中央省庁の一部であるが、その主たる職員は検察官であり、検察官同一体の原則がありつつも、検察官独立の原則のもとにも置かれている。一般的な法務大臣からの指揮命令は、個々の事件には及ばず、検事総長にそれは委《ゆだ》ねられているのである。検事総長への登竜門として高等検察庁検事長・最高検察庁次長検事に次ぐ法務事務次官に、官邸が省内の評判とは異なる抜擢を行った結果、事務次官が十全に省内を把握できていないというのが、実情のようである。

これもまた、民主党政権時代からの継続案件である。検察批判は当時から続いていた。小沢一郎に対する政治資金疑惑にもとづく検察の捜査について、民主党政権の法務大臣は「指揮権発動」の可能性を繰り返し言及していた。また死刑制度に対する異論が大臣から出されてもいた。当時はあくまでも発言にとどまったが、政権は人事を通じて、より実質的な介入を行っている。

安倍政権でもっともあからさまかつ独自の介入はやはり日銀であろう。日銀総裁に異次元緩和に積極的な黒田東彦《はるひこ》を据えて、内部の反対を封じて、アベノミクスを進めた。政策委員会審議委員に金融緩和によって物価水準を引き上げてデフレからの脱却を図るリフレ派の経済学者・エコノミストを抜擢するなど、ここでは政権は強固な統制を及ぼしている。

森友問題と独立機関

しかしながら、こうした介入への反作用が、森友・加計学園による疑惑の中で徐々に強まりつつある。

森友学園の国有地売却をめぐる財務省の公文書改竄によって、政権は大きく揺らぎ、その影響力は液状化し始めた。ここに至るまでは、朝日新聞によるリークと政権との関係が焦点となってきた。メディア対政権という構図であり、その後政権が放送の中立性を撤廃する放送法改正に踏み込もうとするやいなや、多くのメディアが一斉に政権批判を強めた。

だが、政権に対する国民の支持が高いのは、度重なる選挙で自民党が圧勝し続けたことによって明らかである。投票率や衆議院比例区での得票数が低いなど、その内実には議論があるが、結果として衆参両院で与党が圧倒的多数を占めている以上、政権の影響力は大きいままであった。

そこで注目すべきは、森友・加計学園の問題はもとより、政権発足後に世論を二分するような決定の多くで、これまで述べてきたような独立性のある機関や第三者機関が関わっていることであった。今回の財務省の公文書改竄問題では、会計検査院や公文書管理委員会が関わり、特定秘密保護法では情報保全諮問会議などの第三者機関の第三者性が問題として浮上した。沖縄での辺野古《へのこ》への基地移転問題では、裁判所と国地方係争処理委員会が関わった。

これらの独立機関は政権に対してコントロールをかけるものもあれば、政権から独立性を侵食されかけたものもあった。だが全体としては、次第に政権に対して、コントロールを強める方向へと転じつつある。

それはトランプ大統領のもとでのアメリカの憲法制度に類似する。移民規制では州と連邦の裁判所が大統領令の効力を一時は停止し、最終的には限定的にしか認めなかった。ロシア疑惑では度重なる大統領の司法省・FBIへの圧力にもかかわらず、モラー特別検察官が大統領周辺への尋問範囲を拡大し、大統領をいらだたせている。

アメリカの大統領が代議員投票を通じた実質的な国民の直接選挙によって選ばれ、強大な権限を持つように、第二次以降の安倍政権は二〇一二年の総選挙で圧勝して政権交代を果たして以来、絶えず衆参の選挙で圧勝することによって、国民の支持を背景として、内閣人事局による人事統制を武器に各省への統制力を強めた。このように政権交代を経た強力な政権に対しては、独立機関が一層強力に監督する必要が生じているのである。

政権vs.独立機関

こうした〝政権vs.独立機関〟という構図については、内閣法制局が見事に政権に屈したのではないかという異論が出るだろう。従来は内閣の中で独立性を持った法制局ではあったが、政権は新長官に、従来ではあり得なかった外務省から小松一郎駐仏大使を起用することで、集団的自衛権の憲法解釈変更に抵抗していた内閣法制局を容認へと転換させた。安保関連法制の国会審議では、小松の辞職後を継いだ法制次長であった横畠裕介《よこばたけゆうすけ》が、小松同様政権に寄り添い、これを支えた。その独立性は政権によって剝奪《はくだつ》されたように見える。

だが、政権による内閣法制局への厳しい介入は、先に触れたように民主党政権時代から始まっていた(5)。現政権以前からの度重なる侵食の行き着いた先が、安倍政権による長官人事を通じた介入なのである。

これに対して、民主党政権以来の介入の実績がない機関として、より自律性の高い振舞いをとることができたケースが、今回の改竄問題における会計検査院である。世上《せじょう》では、改竄前後の二つの決裁文書を得ていたのに、これを二〇一七年一一月二二日の報告書で指摘しなかった点が批判された。会計検査院は、問題が表面化した後、国会で「気づかなかった」点を謝罪した。だが、仮に薄々気づいていたとしても、まだ盤石《ばんじゃく》と見なされていた政権に対して、会計上の問題を監査する機関が、文書の偽造を指摘して政局を自ら作り出すほどの決断ができたかどうかは、疑問である。

また国土交通省が一方の文書を保有している状況でもあり、偽造であるならば、いずれ問題は噴出することが十分予想できたとすると、会計検査院が自ら引き金を引くことで、政権からの報復的な人事介入を受けることを避けようとするのは相応に合理的な対応である。報告書は文書管理の不備を鋭く突いているが、それもまたこうした状況があり得るとして読むと、当時の会計検査院でぎりぎり可能な指摘であったとも言い得るのである。

会計検査院報告を受けた財務省は文書管理を整備することを明らかにし、その延長で近畿財務局の法務部門が保管していたと思われる森友学園との交渉についての問い合わせの文書を公開した。従来頑なに「文書はない、廃棄した」と述べてきた姿勢と比べれば軟化していた。会計検査院の報告なくして、こうした転換はありえなかった。ここに二〇一八年三月二日、朝日新聞というメディアによるスクープが炸裂《さくれつ》したのである。

一連の過程は、会計検査院とメディアが特に示し合わせるわけでもなく役割を受け渡し、薄紙をはがすように少しずつ政権に対して風穴を開けていったと見ることもできる。

独立機関とはスーパーパワーを持つわけではない。その与えられた役割の中で、外部からの不当な介入を防ぎつつ、独自のミッションを果たす。ときに政権に甘く、ときに厳しく迫ることが独立性確保の要諦《ようてい》である。かつて民主党政権に、NPOの側から参画した湯浅誠《ゆあさまこと》は、官からの自律性が生命線であるNPOが政策実現のために行政と調整する過程を「にじり寄るようなプロセス」と表現した。(6) まさにこれに近い過程を独立機関と政権とが織りなすのである。

独立機関は振り子のように

政権に反対する勢力は、こうした緩慢な過程に強く不満を持つであろう。だが、一歩踏み込みすぎれば、人事であれ、予算であれ、政権から厳しい介入を受け、全くの機能不全に陥る可能性もある。与党が多数の国会では、法改正によって廃止されることもないとはいえない。それを避けるために政権に対して手控えることはむしろときに必要である。だが、国民から見てさすがに厳しく迫るべきではないかという案件であれば、政権に強い異議申し立てをして国民の信頼を獲得することによって、政権からの不当な介入を防ぐことができる。政権が軌道修正すれば事態も好転し、組織としても安定する。

著者が委員であったために詳述と論評は避けるものの、沖縄の辺野古への基地移転問題における国と沖縄県の対立では、裁判所の和解勧告に沿って事案が国地方係争処理委員会に付託された。結論として委員会は、国の是正措置を違法でも適法でもないという和解勧告が想定していない判断を下した。これをメディアは意外と受けとったようであったものの、決定を受けて再度案件を審理した裁判所は、国を勝たせ、沖縄には厳しい判決を下した。とはいえ、この時期寺田逸郎《いつろう》長官の下での最高裁判所は、令状のないGPS捜査を違法と判断するなど、政権に対してはときに厳しい態度で臨んでいた。国地方係争処理委員会と裁判所という独立機関がそれぞれの立場で、政権に対して距離を置いた判断を総体としては加えているのである。

かくして、個々の事案の判断については意見が分かれようが、政権に対して、独立機関は距離を探り、裁判所に至っては、厳しい判断を下すタイミングを探していると言いうる。それは政策を全面転換させるわけではないが、ときに部分的に非を正す。少なくとも、まずは前のめりになりがちな政権の決定をスピードダウンさせて、熟考する時間を与えるという効用がある。すべてが加速しつつある現代政治においては、大きな存在意義がある。

また、加計学園の獣医学部設置問題では、申請書の内容が詰め切れておらず、文科省の大学設置・学校法人審議会が、ぎりぎりまで認可判断を下さなかった。通常の判断時期であった八月よりも遅く、一一月に設置認可をしたのが、独立機関としての抵抗姿勢であった。手ぬるいと言えば手ぬるいが、直前一〇月の総選挙で政権が圧勝しており、国民からの圧倒的支持を確認したばかりの政権は、独立機関にとっては脅威であった。

森友学園問題での公文書改竄について、一度は複数の決済文書の存在を指摘しなかった会計検査院は、この問題が明らかになった後、再度検査する方針を打ち出した。当初の検査は不十分にも見えたが、問題が国民的関心を集めている中では、苛烈《かれつ》な検査を財務省に対して加えることはほぼ明らかである。独立機関のチェックは一度ですべてが終わるわけではない。政権との間合いを測りながら、あるときは強く出たり、いくらかは後退したりといった具合に、振り子のように揺れつつ自らの位置取りを探すのである。

今後、そうした振り子の振幅はもっと大きくてもよい。五五年体制の微温的な自民党長期政権は、現在ほどの露骨な介入は控えていた。とはいえ、独立機関が自民党政権に異議申し立てをする余地はほとんどなかった。こうしてかつては塩漬けにされていた諸々の独立機関は、政権交代後の強力な官邸に対して、より独立性を保障され、より強力に政権を監督する機関となるべきである。

ともすればコンセンサスを過剰に重視して決断を下せない傾向の強い日本にあって、政権が強力にリーダーシップを発揮することは必要である。その点で、一九九〇年代の政治改革の上に立って政権交代を繰り返し、国民が選び取った政権と官邸が強力となることは望ましい。必要なのは、強力な官邸に対して強力な多数の独立機関が並び立ち、これらを両輪とすることである。そうしてこそ、急速に変化しつつある二一世紀の世界の中で、日本は独自の航路を定めることができるのである。

政策決定過程の変容

こうした状況の中で第二次以降の安倍政権の政策決定を見渡すと二〇一六年頃から変化が生じている。手がかりとなるのは、政権発足時にアベノミクスを牽引した機関である。一つは民主党政権が委員を任命せず、休眠させていた経済財政諮問会議であり、二つには日本経済再生本部であり、三つには産業競争力会議である。ここで注目したいのは後二者である。

というのは、日本経済再生本部は二〇一五年以降となると持ち回りで開かれているにとどまるからである。そして産業競争力会議は、二〇一六年に未来投資会議に組み替えられたが、委員の人数も会議の規模も縮小している。

二〇一五年は今振り返っても第二次以降の安倍政権の最大の政策課題であった安保関連法の国会審議がなされた年であった。この課題を終えた後、現政権は一億総活躍社会を打ち出した。そして二〇一七年は人づくり革命が政策として発表されたが、比較的国民が注目したこれまでの政策とは異なり、「革命」という語法が保守政権に合わないといった批判が強かった。

二〇一六年以前の地方創生、女性活躍推進などと比べると、言葉の上でも華々しい割には実態が伴っているとは言いがたい。また華々しいのであれば、より長期的に取り組むべきであるにもかかわらず、そうはなっていないのである。

内閣人事局による幹部人事は、二〇一四年から始まった。二〇一六年に上梓した拙著『「安倍一強」の謎』(朝日新書)でも論じたが、二〇一五年の人事までは、女性官僚の抜擢が見られるといった内容の報道がなされているにとどまっていた。現在指摘されている人事の問題が出始めたのは、二〇一六年以降である。

二〇一六年には北朝鮮のミサイル危機や、アメリカの大統領選挙でのトランプの当選など、日本を取り巻く国際環境が激変を遂げた。政権の支持率も一貫して高まった特異な時期である。にもかかわらず、経済政策の会議体で、実質審議がなされなかったりするなど、政権は政策論争を回避して、意思決定を少数による短期の検討で強行していった。加計・森友学園問題をはじめとする諸問題が噴出する環境は徐々に整っていたのである。

こうして、政権の政策決定が非公開・少数・短期で進められ、官邸による人事が論功行賞甚だしいものになるにつれて、各省・独立機関に反対派が増えていく。そこに加わったのは、官房長官・官房副長官による大臣・事務次官への指示ではなく、秘書官を中心とするグループによる各省官僚への直接の介入である。指揮命令系統の歪みは、政策が失敗したときにその責任を取る主体がいない事態を生み出す。大臣は知らないので指示を出しておらず、現場の官僚は文書を廃棄したとして知らないと繰り返し、秘書官グループも当初は一切メディアにも国会にも登場しなかった。この構図の中で、証拠隠滅を図るため、決裁文書の書き換え、公文書の廃棄などが明らかになり公文書管理制度が犠牲となったのである。

政権への不満は特に各省の現場には鬱積《うっせき》していた。陸上自衛隊研究本部で廃棄されたはずの南スーダンへの自衛隊派遣に関する日報が発見されたのは、防衛本省、文官グループ、そして大臣に対する強い不信感の故である。財務省では森友問題で、決裁文書の甚だしい改竄を強いられた近畿財務局からリークが続いたのと同様に、本省と幹部への不信感がマグマのように、蓄積されているのである。

指揮命令系統が乱れているにもかかわらず、各省幹部に官邸の意向に沿った人物が任用されることで、各省幹部は官邸と一体化しつつある。その結果として、一つには、各省大臣が省内を把握できなくなり始めた。麻生太郎財務大臣が森友学園問題についての決裁文書改竄を知らされていなかったのはその一例である。まして副大臣、大臣政務官はさらに情報経路から遠ざけられている。

二つには、内政では官房長官、外交では国家安全保障局長、経済では今井秘書官が、各省幹部と強く結合して、それぞれ別個に意思決定を進めている。

三つには、不満を強めている各省の現場からすれば、省内で十全な評価を受けていない幹部が抜擢されていることを意味する。内閣人事局の弊害は、情実人事であったり、官邸の意向に沿わない人物を遠ざけたり、という報復人事のみならず、抜擢された人物が省内から支持されていないという深刻な人事の失敗を呼び込んでいるのである。これは六〇〇名近い幹部ポストについて、候補者の中から、官邸が適正な人事を行いえないという事実を浮かび上がらせつつある。

こうして官邸は、処理しきれないほどの決定負荷をかけられたまま、日々の意思決定に追われ続けているというのが現状である。そこでは政官関係を整理することはほぼ不可能である。

まずは意向に沿う人物で各省幹部を固め、問題が起これば秘密裏に作業を進め、機密を共有するコミュニティを官邸と各省幹部とで形成する。部外者に対しては、強圧と報復で瞬時に服従するよう迫る。そこには多角的な検討はない。ほころびが出ればその場限りでしのぐように対応する。公開性はないし、文書は問題が起こりそうなものは廃棄するということになる。

三　公文書管理

公文書の改竄という衝撃

財務省の森友学園への国有地売却をめぐる決裁文書の改竄問題は、公文書の重要性を、おそらくは戦後政治の中で初めて国民に強烈に訴えた。一部の文書の抜き取りや、数ヵ所の語句の削除ではなく、全編にわたる多数の箇所で削除が行われていたことを目の当たりにしたのだから、仰天せずにはおられないものであった。何か大事なものを汚されたような感覚を持つ向きも多かったに違いない。「決裁文書は重い、事後的な修正はあり得ない」という元官僚の発言も様々な場で報じられた。

そもそも公文書管理制度とは、歴史的に重要な公文書を選別し、保存するために公文書の「ライフサイクル」を確立させることが目的であった。行政活動で作成された文書については、文書ファイル管理簿に登録し、それぞれ定められた保存期間の間は廃棄せず、保存期間が終了したときに、専門的見地から廃棄か保存かの選別がなされて、保存される場合には国立公文書館に移管されるという大きな流れが、公文書の「ライフサイクル」である。そして、二〇〇九年の公文書管理法制定時には、従来の各省の文書管理と大きく齟齬《そご》が生じないよう、保存すべき文書の種類を限定した。「職員が組織的に用いるもの」という限定によって、メモ類は対象から除かれたのである。不十分な制度ではあったが、まずは各省をこの法律の枠組みに入れるために、各省が無理なく執務に入れるよう規制の緩い制度として発足したのである。

だが、こうした状況には、公文書を研究してきた著者のような行政研究者としては、強い違和感がある。忘れることができないのは、政府の研究会の一員としてフランスの公文書館にヒアリングに出張したときのことである。「(公文書館側が文書保存の価値としてきわめて重視している)科学的な文書管理が重要だという主張だけでは、各省を説得することはできない。各省が説得されるとすれば、そうした文書管理こそ各省にとって利益になるという言い方だ」というプラグマティック(実利的)な発言であった。

つまり、公文書における記録保存の正当性だけではなく、各省の側に了解されてこそ、公文書管理制度が成り立つというのである。しばしば日本では、欧米では公文書は文化遺産とされているといった主張がなされているが、それはあくまでも行政の現場の執務と折り合いが付くからこそ成立するものなのである。

そもそも、公文書研究とは、政策研究や内閣法・地方自治法・国家公務員法といった憲法附属法を改革の対象とする制度改革研究と比べてきわめて地味な分野である。きちんと管理する、的確に歴史的に重要な公文書を保存する、公開度を高めることが眼目であり、経済社会の変化に合わせて、より有効性の高い政策や、より能率的な制度改革を提案するといったものではないのである。

また、これまでを振り返ると、五五年体制という自民党長期政権では、国民は政治を自民党と官僚にほぼ委任していた。そこで作成される公文書に誰も大きな関心を持たなかったのである。各省には文書を作成し決済する手続きを規定した内部規則がある。一九八五年に発表された論文「日本官僚制の事案決定手続き」では、文書管理規則の閲覧を各省に求めたものの、協力を拒んだ省は外務省であり、「おそるべき秘密主義である」との指摘がある。(7)当時は文書管理の内部規則さえ対外的に公表する義務はないという雰囲気であったし、それを特に糾弾するという世論も全くなかった。社会的に見て公文書管理などほとんど関心をもたれなかった。

復元可能な電子記録

事態は一九九〇年代の諸改革の一環として一九九九年に制定された情報公開法、二〇〇九年に公文書管理法が制定されることで、少しずつ変化する。だが、公文書管理法を読めば分かる通り、各省を強力に規制するものではない。保存期間の設定など文書管理の方針作成を各省にゆだねている。

問題の根本にあるのは、公文書管理という制度が、教育政策と同様、性善説に立つことである。学校で問題学生が多数いたからといって、校則で縛れば学校がよくなるわけではない。「ブラック校則」の問題が指摘される昨今の状況もさることながら、求められるのは学生の閉じた心を開く教師の姿勢であろう。同様のことは、公文書管理にも言える。そもそも行政活動において文書は必須であるが、それはあくまでも日々刻々となされる決定内容を絶えず共有するためのツールに他ならない。行政官から見れば、重要なのは決定内容であり、文書ではない。

もちろん文書の改竄は言語道断である。だが情報公開された文書が、原文書と同一かどうかを確認する手段は公開請求した側にはない。各紙とりわけ読売新聞が焦点を当てて報道したように、情報公開における開示文書の「書き換え」はこれまでも行われていた。加計学園問題の渦中にあった今治《いまばり》市も、公開された官邸への出張復命書に複数のバージョンが出ている。言ってみれば、情報公開に際しての「書き換え」が今回の財務省においては、常軌を逸する範囲にまで及んでおり、見過ごせるものではなかったことが問題なのだ。

これに対して、「ブラック校則」ならぬ「ブラック公文書管理規則」を課すことは、必要以上に現場の手足を縛ることになりかねない。それでは、本来必要な行政活動が停滞するという弊害が前面に出てしまうだろう。各省が自然に遵守《じゅんしゅ》できる規則でなければ、行政は壊れてしまうのである。

今回明らかになったのは、電子記録はいくらでも復元可能であり、廃棄したという主張は通用しないことである。その点では、廃棄という概念を根本から見直すべきときに来ている。むしろすべて保存していることを前提に、情報公開制度については当面の非公開があり得ること、国会審議に対して包み隠さずすべてを公開すること、歴史的公文書については的確に選別し保存することを徹底すべきである。廃棄によって隠蔽しようとした安倍政権の態度は厳しく批判されなければならない。

そもそも、政権が選挙による国民の支持を背景に行政に圧力をかけること自体は非難されるべきことではない。問題はそれが法の下での裁量を逸脱したときである。そのときは行政の側が、公文書の徹底公開に応じ、それによって国民の信頼を獲得し、政権に対して不当な要求を拒否すべきである。

問題があれば、国会もさることながら、前節で言及したように、第三者機関が専門的見地から勧告し、裁定することが必要である。現行法では、公文書管理委員会は内閣府に置かれた内閣総理大臣の諮問機関として、委員も内閣総理大臣によって任命される。その仕組みでは、今回のようなケースでは第三者性を確保できない。むしろ人事院のように内閣からは独立して、独自の勧告権限を持ち、委員は国会の同意人事とすべきである。第二次以降の安倍政権は、機密を盾に官邸の強化を突き詰めれば、公文書管理が根底から歪められることを明らかにした。これまでのような、内々で処理可能な抜け道が用意されていた制度設計から、全面保存を前提とした制度設計へと転換するときが来ている。これこそ、政権交代のある政治システムにふさわしい公文書管理なのである。

四　政権の容易ならざる到達点

以上のように、第二次以降の安倍政権は五年半を経て多くの困難な課題に直面している。それは、政権の強みが弱みに転じたために起こったと言える。内閣強化と政権の維持のため、政権中枢の少数の官僚がトップダウンで意思決定を行い、それを各省に強制する。官邸による人事によって、各省の幹部は政権の意向を最大限認める官僚で占められる。ここまでは制度を作動させることに成功している。だがそれが各省の現場との間で深刻な亀裂を生んだ。公文書の大規模な改竄という異様な措置がとられ、それを隠蔽しきれず、結局は改竄を認めるほかなくなった。この間、各省の内部から情報リークとみられる

図3　官僚制内の意思決定スタイルの比較

	現在の官邸の意思決定	従来の官僚制の意思決定	本来望ましい内閣での意思決定
意思決定の性質	政権維持	省益	政策論争
関係の性質	強圧と報復	互譲	期限付き協議
時間	短期	長期	中期
文書	文書廃棄	文書保持と隠匿	文書保存と適切な公開
人事	抜擢と排斥	順当人事	順当人事への官邸からのチェック
合理性	局所的合理性	所管内合理性	国益の合理的追求

文書の流出が相次いだ。政権の統制が利かないという事態に立ち至っている。これらは明らかに制度を動かしてみての失敗である。政権交代後、内閣人事局・国家安全保障局を内閣官房に置いて作動させた帰結がこの状況なのである。

こうした形で制度を作動させる政権の特徴を、従来の官僚制の意思決定の特徴と比較・整理したのが図3である。

わかりやすく説明するために、まずは従来の意思決定からみてみたい。省益のために行動し、他の組織とは互譲による合意形成が基本となる。ただし合意に至るまでは時間をかけることが多い。文書は必要ならば保持しているが、情報公開との関係では廃棄したことにする場合もある。人事は省内での順当人事をとる。そこで追求される合理性とは所管領域の合理性である。

これに対して、第二次以降の安倍政権の場合は、政権の維持が目的であり、各省に対しては強圧的に臨む。合意に至るまではきわめて短期で意思決定がなされ、とりわけ内閣府に顕著だが文書は保存しない。人事は官邸の意向に沿った者の抜擢とそうでない者の排斥であり、その合理性は国益に沿ったと言うよりは、瞬間の当該案件かぎりの合理性と言わざるを得ない。

では、本来あるべき意思決定とは何だろうか。それは、期限付きの協議を行い、そこでの時間は一定範囲でかける。文書保存を的確に行い、適切に公開するよう仕組みが整えられている。各省人事は順当人事を基本としながら、官邸からのチェックは行う。国益に沿った合理性が求められるべきことになる。

各省単位の意思決定の限界を克服するはずであった官邸が、なぜこうしたあるべき姿にたどりつけないのだろうか。一度非公開の中、少数での迅速な意思決定に慣れてしまうと、それ以前の透明性の高い、多角的検討を前提とした意思決定に戻るのは困難である。もし戻るならば、政権中枢の政治家・官僚の交代を経て、新しいスタッフによって意思決定を進めることが自然な対応である。だが、少数の政権中枢のスタッフは政権発足から基本的に交代していないのが、この政権の特徴となっている。こうした中枢の人事にも踏み込めない状態の中で、徐々に選択肢の幅が狭まりつつある。

もしあるべき意思決定へと移行するとすれば、一定の新しいルールの導入がそこには必要である。どのようなルールが必要であり、かつ実施可能・作動可能なのであろうか。それを知るためには、民主党政権以前にどのような意思決定を行っており、それがどう変化して現在に至っているかを追跡しなければならない。

そして、あるべき意思決定の仕組みを実現するには、官僚がルールを守るだけでは不足である。公開のもと専門性の高い議論を大臣が展開した上で、意思決定にまでたどりつくことができないと、官僚間の交渉にすべてを委ねざるを得ない。だがそこでは、政治家が個別に様々な介入をする事態を招きやすい。官僚・大臣双方の政策決定におけるルールに沿った役割分担なしには結局は良好な政官関係は生まれない。また政権と各省の政策現場との協力関係も望めない。この議論は次章以降で扱うが、まずはそこに至るまでの改革とその作動の過程を歴史的にたどってみたい。

(1) 牧原出『「安倍一強」の謎』朝日新書、二〇一六年。
(2) 柿﨑明二・久江雅彦『空白の宰相』講談社、二〇〇七年。
(3) 「今井尚哉首相秘書官独占インタビュー　昭恵夫人が無関係とは言えない」『文藝春秋』二〇一八年六月号。
(4) 御厨貴『後藤田正晴と矢口洪一』ちくま文庫、二〇一六年。
(5) 牧原出「憲法解釈の変更」、竹中治堅編『二つの政権交代』勁草書房、二〇一七年、第八章。
(6) 湯浅誠「社会運動の立ち位置」『世界』二〇一二年三月号、四二頁。
(7) 大森彌「日本官僚制の事案決定手続き」『年報政治学』第三六巻、一九八五年、九三頁。

第三章　自民党長期政権と自らを動かす官僚制

一　「官僚主導」の自民党長期政権

　こうして今、制度が思うように動かなくなり、制度の作動が行き詰まりつつある。それが政権の姿である。振り返ってみると、こうした作動の失敗があからさまになったのは、第一次安倍晋三政権以降である。これと比べて、今さらながら驚くべきことは、小泉純一郎政権である。二〇〇一年一月の省庁再編直後の四月に発足した政権であり、地方分権一括法が施行されてから一年が経過し、司法制度改革も実行に移される時期であったが、制度の作動には成功していた。小泉政権当時は、自民党長期政権の延長で改革勢力対守旧勢力という党内対立に社会の関心が向かったが、後の政権と異なり、制度の運用は円滑であった。つまり、例外的に制度の作動に成功した政権であったのである。前章の末尾で触れた「本来望ましい内閣での意思決定」は、多くの点で小泉政権の意思決定と重なる。当時はいまだ政府が進めるべき課題とまでは熟していなかった文書保存と適切な公開は、小泉政権の本格的課題ではなかったため、それについては対応していない。とはいえ、この時期に進み始めた政府機関のウェブサイトの整備やメールマガジンの仕組みなどを用いて、審議会の議事要旨の公開や、内閣のメールマガジンを発信するといった形で部分的にはこうした課題に手をつけたとも言えるであろう。かくして、多くの点でその後と比べても良質な意思決定を可能にしていたのが小泉政権であった。

とするならばここで考えなければならないのは、なぜ小泉政権で成功したものが、後の政権で失敗続きとなったか、という問いである。

そもそも、小泉政権はそれ以前と何が異なっていたのであろうか。それを考えるためには、小泉政権が何を変えたのかをとらえてみる。そこで本章では、小泉政権以前の自民党長期政権下の政官関係をとらえ直したい。この時代、制度の作動そのものは円滑であった。戦後当初は「官僚主導」の政策過程のもと、官僚制は政治からの介入を可能な限り遮《しゃ》断《だん》し、自律的に動いていた。とはいえ、与党自民党の総務会・政務調査会での了承を経て法案が国会に提出されるという「事前審査制」が一九六〇年代に概ね確立し、政調会部会所属議員の専門知識が次第に増大し、その調整能力も増すことで、次第に「政高官低」の政策過程へと変化したとするのが、一九八〇年代の政治学における理解であった。そこでは、業界の個別利益を官僚制よりも政調会が吸い上げることで、日本社会の多元的な政治的主体が政策過程に影響を与えるようになったと見た。「日本型多元主義」が成立したと指摘されたのである[1]。

しかし、この「日本型多元主義」を検出したアプローチは、政策案の制定過程を分析する際に、政策案を所管する局・課にまずは着目した。しかし、省より下のレベルの局・課に通ずる政策過程を特色づけても、省レベルの組織の影響力と役割を特色づけられるわけではない。また省は、官僚制の基礎的な単位であり、政策のみならず人事でも凝集性の高い集団である。そうしたまとまりの高い集団としての省が他省との関係を制御しながら政治に作用している。その「政治」とは与党であることもあれば、野党も含めた国会制度であることもある。したがって、歴史的には、省という組織の発展過程に即して、政治に対してどのような役割を発揮してきたかを見ることで、小泉政権以後の政官関係が変えようとした制度の根幹を理解することができるのである。

では、現在の省組織をどのようにとらえればよいのだろうか。一府一二省の業務は一見多様である。その奥に編成原理があるとすれば、これまでは、分担管理原則という各省個別に所掌《しょしょう》事務に権限と責任を負うという法原則が挙げられてきた。そこでは、内閣は各省に事務処理を委ね、各省も互いの所管には介入しないものとされる。これは省が能率的に作動するには最適の編成原理である。そこでは、省の優先度は問われないため、各省は同等ということになるのである。

もちろん、省の事務はそれぞれ重要であり、一部を取り出して重要性の高低を比較することはできない。だが、政官関係から見ると、自ずから重要な省とさほど重要とは言えない省とに分かれるのは、経験的に了解されることである。こうして政官関係というレンズを通して省組織の編成原理をとらえるならば、政策的な重要性と政官関係での役割との双方について限られたいくつかの省を際だたせる編成原理がある。それが次節で取り上げる「古典的五省」なのである。

二 省組織の編成原理

古典的五省の理論史

戦後の行政組織の中で働いてきた分担管理原則のもとでは、各省は互いの所管事項に可能な限り関与しないものとされた。各省は、優秀な人材を省外に出向させず、省内の局・課のポストを広く歴任することで省の事務を熟知した官僚を幹部にあてた。こうして再生産された「割拠性」(2)は、セクショナリズムの土壌であり、省間調整は厳しい対立のもと、多大な労力と長大な時間を要することが通例であった。しかも国会では衆参両院ともにこうした省組織ごとに常任委員会が組織され、これに対応して自民党政調会の部会も省ごとに設けられた。こうして、党・国会・官僚制を貫いて省組織ごとに分断されることで、「割拠性」は広く官から政の側へ及んでいたのである。

この問題を第一章の図1（39ページ参照）に沿って、理念の層まで掘り進め、憲法附属法から各省の官僚の行動へと制度の層を積み上げながら考えてみたい。一九四七年に施行された日本国憲法は、政治の基本構造を規定する諸法とともに整備された。国会法、公職選挙法、裁判所法、内閣法、国家行政組織法、国家公務員法、地方自治法、財政法など、統治機構を規定する基本的な法律が作られた。これら憲法附属法は、その後微修正を繰り返すが、占領終結後に大きな変更を経た後、徐々に安定していった。

このような憲法と関連法のさまざまな変更を国際比較の中でとらえると、ヨーロッパの行政史は「古典的五省」という省庁制度の組織原理をとりあげてきた。その組織原理に焦点をあてて日本の官僚制を見渡すと、政官関係の特質を拾い出すことができるのである。

ドイツの政治学者フリッツ・シャルプと社会学者のレナーテ・マインツは、ヨーロッパ大陸諸国の省庁編成を「古典的五省」と呼んで、次の三特徴を提示した。第一に、内務、外務、財務、法務、軍務の五省が基本的な構成である。第二に、これらのうち内務省が分化することで現在の省庁編成が形成された。第三に、五省は概ね所掌する事務の「一元化」を図ることで政府内を横断的に調整する役割を担っている。(3)

これら五省とその政策領域を国家の基軸とする見解は、すでに日本官僚制の特質として「割拠性」を指摘していた行政学者の辻清明《きよあき》が、一九世紀ドイツの行政学者ローレンツ・

フォン・シュタインのいう「五大部の系統」として「多くの内外の学者も採るところ」としているように、とりわけドイツの国制史・行政史で採られてきた見方である。(4)

事実、ヨーロッパ諸国の代表的な比較制度史研究として、二〇世紀初頭のオットー・ヒンツェの内閣・省庁史研究はこの枠組みをとっている。(5)また これはマインツとシャルプと同様に、現在でも大陸諸国ではさまざまなヴァリエーションを通じて継承されている。たとえば、オランダでは「古典的」省としてこれら五省があげられており、そのうち内務省から新設省が分化したことが指摘されている。(6)デンマークの行政史研究では上記五省のうち、軍務を陸軍と海軍に分け、それに文化省を加えた七省の体制が近代国家の原点であるとも指摘されている。(7)

このように、一九世紀以前において、この五領域が国家の基本的職能であること自体は経験的に了解できるであろう。アングロ・サクソン諸国であるイギリス、アメリカなどに代表される諸国は、ヨーロッパ大陸諸国とは制度の伝統が異なり、こうした五省の組織原理が発展しなかった。そのため、これら英語圏の社会科学でこうした編成原理を見出すのは難しい。だが、日本は明治以来フランス、ドイツといったヨーロッパ大陸諸国の制度を継承して現在に至っている。したがって、省組織の編成原理もそこに起源がある。

そうしたヨーロッパ大陸諸国と日本との同質性は、二〇世紀における歴史的展開によりはっきりと見て取れる。行政の変容を叙述する日本の行政法学の理論的著作を丁寧に読み直すと、行政の区分に際してこの五領域を基礎にしていることがわかる。たとえば行政法の体系内にこの枠組みを導入した戦前の代表的な憲法学者・行政法学者である美濃部達吉《みのべたつきち》の体系書の構成をとりあげてみたい。一九二四年に出版された美濃部の行政法の体系書『行政法撮要』では、行政法の守備範囲を、外政は国際法学の対象として外した上で、警察、保育、法政、財政、軍政の五領域に分けている。このうち、権力の行使を主とする警察と権力の行使を本質とはしない保育の二つは内務行政だというのである。(8)外政、内務行政としての警察・保育、法政、財政、軍政の五つは、明瞭に古典的五省の理論を念頭に置いたものである。

さらにこれを充実させて、一九四〇年という太平洋戦争直前に美濃部が刊行した『日本行政法』では、各論は、警察法、保護及統制の法、公企業及公物の法、公用負担法、財政法、軍政法に区分される。『行政法撮要』の「保育」の一項目であった公企業及公物の法と公用負担法が独立した分野とされ、戦時体制下で整備が進行した経済統制関連法が「統制法」として保護と同じ分野におさめられた。(9)その内容はかつての法政法でとりあげていた法分野を含んでおり、法政法は独立した章ではなくなった。美濃部は、統制経済の進行という目前の状況を、当初の枠組みに導入したのである。

このように五省の所掌事項を行政の中核的な領域ととらえてきたのが、ヨーロッパ大陸諸国であった。その行政制度を取り入れた近代以降の日本も同様にとらえることができる。とはいえ、美濃部が統制法を枠組みに導入したように、二〇世紀には新しい領域が登場しており、それは、内務行政の延長とする見解もあり、新領域の登場とする見解もある。マインツとシャルプは内務行政が拡大したという見方をとるが、この点は国と時代状況によって様々である。いずれにせよ、以後の展開も含めてみると、当然のことながら、五省以外の領域も重要とはなっている。

だが、この五領域は、行政の中核的な領域であると同時に、国際関係の中で国家が存続するための基本的な職能でもある。法務、財務は国家を構成する権限と財源を配分し、内務は内政全般、外務と軍務は対外関係を担う。内政と外交を担い、制度を円滑に作動させる活動は、国家そのものを作動させるのである。

近代以降の日本の憲法・憲法附属法と古典的五省

具体的な省庁編成として見ると、ヨーロッパ諸国と比べて、日本の場合は、五領域が、戦前は軍務が陸軍省・海軍省に分かれていたことで六省、戦後は軍務は防衛庁となり、内務省はいくつかの省庁に分かれた。とはいえ、いずれの領域も改正が極めて困難な憲法の規定と結びつき、安定的な制度となっている。そのため、これらの省組織の改正は内閣制度の成立以降おおむね小規模であり、古典的五省の大改正は日本国憲法の成立とその定着に伴う一九五〇年代に集中的に行われたにとどまっている。

大日本帝国憲法は、五省の内、軍務について統帥権の独立を規定し、司法については一章を立てて規定し、財務については予算の議決に伴う手続きを詳細に規定した。外務についていては、天皇の名の下に条約を締結するという条項が、その所掌領域を規定している。内務行政に至っては、地方団体について規定せず、臣民の権利義務の条項が警察行政と関係するにとどまると言える。

これに対して、日本国憲法では、五省の領域の内、軍については九条で軍事力の保持を禁止し、司法、財政、地方自治はそれぞれを規定する一章を設けている。外交については、天皇の国事行為の一部に規定を設け、内閣が国会の事前事後の承認を得て条約を締結することを定めるとともに、条約・国際法規の遵守義務を明記している。このように日本国憲法は、大日本帝国憲法と比べて、五省の事務への規制がより密になった点が特徴である。

占領終結後の改革を経て、古典的五省の行政は、軍務行政を除いて安定的な制度として定着した。軍務行政は、陸海軍が占領下で解体された後、警察予備隊・保安隊・自衛隊の設置を通じて順次再建されていった。だが、制度上「軍」ではないとされるなど、戦前とは制度的に大きく異なる構成として定着した。

法務行政では、司法省の官僚が裁判所を全体として監督する戦前の仕組みを廃止して、最高裁判所を頂点に裁判所の独立性が強められたことで、検察部門を中心に構成される行政領域となった。占領終結後に最高裁判所の機構改革問題が政治的課題となり、裁判官を増員するなどの裁判所法改正案が国会に提出されたものの、審議未了廃案となり、変更なく機構として定着を見たのである。

また内務行政としては、一九四七年に内務省が解体された。もっとも、戦前の一九三八年にここから厚生省が分離しており、内務省の解体はそこから始まったともとらえることができる。さらに一九四七年に厚生省から労働省が分かれ、地方団体を監督する組織は変遷を遂げた後、自治庁が一九六〇年に自治省となった。警察機構は、内務省解体後設置された国家地方警察本部が、一九五四年に警察庁になる。また建設院となった土木行政の機構は、一九四八年に建設省となる。一九七一年には、厚生省を主な母体として環境庁が設置される。内務行政は次第に分化していったのである。

外務行政としての外務省は、一度は占領下で外交事務を極小化されたものの、占領終結後各国と国交を回復し国際機関に加入することで、再建された。

唯一大きな変更を受けなかったのは大蔵省である。予算の査定を通じて各省への統制力を強化し、行政管理庁、新設の防衛庁などの幹部に人材を派遣、影響力を浸透させた。

占領後の省庁編成はどう変わったか

占領終結後、省庁編成は揺れ動いたが、一九六〇年に自治庁が自治省に昇格すると、省の新設・廃止は二〇〇一年の省庁再編まで行われず、制度として安定した。この自治省の設置法は、日米安全保障条約改定反対運動のさなかに成立した。当時の岸信介《のぶすけ》内閣はデモ隊が国会構内に乱入した事件で死者が出ると、退陣を余儀なくされた。この一件で、憲法改正を目指した岸首相とは異なり、池田勇人《はやと》以後の歴代首相は在任中には憲法改正をしないと宣言するようになる。こうして、憲法も省の編成も変化のないまま、徐々に政と官のルールが作られていったのである。占領終結後からこの時期にわたって形成された省の組織編成には、次の特色が生じた。

第一に、自民党結党後の第三次鳩山一郎内閣下で、第三次行政審議会が設置され、そこでの答申をもとに「トップマネージメント」の改革が進められ、岸内閣下で制度変更がなされた。そこでは、大蔵・農林・通産省で政務次官が増員され、内閣官房で内閣審議室・内閣参事官室・内閣調査室が設置された。また、内閣官房長官を国務大臣とすることを可能とするとともに、総理府に総務長官・総務副長官を設けて、前者に国務大臣を充てることができるものとされ、後者は一般職とされた。さらに並行して主要省庁に官房長が広く設置された。こうして政治家・官僚が多数、内閣と各省幹部に就任する制度改革が行われた。これは当初「議院内閣制下における責任体制」の構築を理由とされたが、その背景にあるのは、一九五四年の第五次吉田茂《よしだしげる》内閣総辞職と、日本民主党への政権交代であった。吉田内閣下の与党であった自由党の大多数は保守合同による自由民主党の結成によって、再度与党に復帰するが、この政権交代を通じて、政治家など各省幹部が省全体を掌握する体制強化の必要性が痛感された。その結果が、官僚の就任ポストも含めた幹部ポストの増員であった(10)。

第二に、国家行政組織法が組織の型を定め、新設機関に対しては内閣法制局がその設置法に対して厳格な審査を行ったことによって、組織の規格化(11)・同型化（isomorphism）(12)が生じた。五省は、大蔵省、外務省が戦前の伝統を程度の差はあれ継承しつつも、防衛庁は本庁は総理府外局とされ、内務省は多くの省に分化した。司法省は法務庁・法務府を経て法務省となる。にもかかわらず、各省庁は、局・課の編成で形式的に同規格であり、水平的な人事交流も一定規模でなされたため、かなりの程度同等とされたのである。ここから後に見るように、二〇〇一年の省庁再編に際して「省間バランス」という組織原理が提唱されることとなった。

第三に、この省庁の同型化は、国会の常任委員会、自民党政調会部会の組織編成に波及した。国会の常任委員会は、省庁編成のたびにこれにあわせて編成を変えた。それは法案の所管をめぐって委員会間の対立を生じさせないためであった[13]。他方一九五五年に成立した自民党は、直前に左右両派統一を果たした社会党に対抗する意味合いの強い保守合同によるものであった。しかし、最初の内閣である第三次鳩山内閣が組閣後、首相の所信で保守合同は「政策実行のための手段」であると発言[14]したように、円滑な政権運営を図るための合同でもあった。そのもとでの第三次行政審議会を経て各省設置法の再検討が進んだが、結果として防衛庁など総理府の外局で長官に政治家を充てる庁を省と同格にする位置づけが定着した。

こうして、憲法附属法としての内閣法・国家行政組織法・各省設置法が再編されたのが、この時期の特徴であった。並行して議員立法を制限する国会法改正もなされ、自民党も党組織を制度化していく。これらによって、自民党を与党とする政権下の憲法と憲法附属法の運用ルールが層を成していったのである。

政党間対立と官僚制へのインパクト

この間、自民党政権に対する社会党を中心とする野党の側の有力な対抗軸は、次の諸点にあった。第一に、憲法規定と文面上違反する疑義が生じていた防衛庁・自衛隊であり、ここに戦後の非自民各党は集中的に対立構造を見出そうとした。だが、国際的な冷戦状況の中で、日米同盟が与党の政策面での基軸である以上、自衛隊批判は政権交代の可能性を開くのではなく、政権にとどまり続ける与党を批判する理論的根拠として動員されるようになった。第二に、経済計画ないしは産業国有化による経済政策の転換の企図である。(15)美濃部が「統制法」として着目し太平洋戦争前に部分的に実行されていたこの選択肢は、戦後も占領下で片山哲《てつ》社会党委員長が首班となった連立政権で、炭鉱国家管理問題の中で模索され(16)、高度経済成長までは有力な対抗軸であった。第三に公害問題の深刻化に伴う環境運動であり、第四に社会保障の充実であった。前者については佐藤栄作《さとうえいさく》内閣、後者については田中角栄内閣以後の歴代内閣が、それぞれ野党や社会運動の要求を取り込んでいった。(17)

だが、その後を見渡して重要な第五の対抗軸が、美濃部亮吉《りょうきち》都知事時代の東京都のように、社会党・共産党に支援された首長による革新自治体と国との対抗であった。(18)地域民主主義論で理論武装し、シビル・ミニマム（国のナショナル・ミニマムに対置された自治体の政策標準）を掲げて革新自治体の政策作成に尽力した政治学者の松下圭一《まつしたけいいち》は、一九七五年に『市民自治の憲法理論』を発表した。ここで、地方自治体の自治強化、三権分立の徹底による国会の優位性の強化、地方自治体が国と司法の場で紛争を解決するための司法手続き改革を唱えた松下は、憲法と憲法附属法についてこう述べている――「憲法は、国民主権の活性化にもとづいて、現行法制の『規制準則』として、法段階構造の頂点だけではなく、むしろ底辺にこそ、国民主権すなわち市民主権・分節主権の視点から位置づけられなければならない。さらに、憲法は、法律、命令および行政行為のそれぞれを個別に点検する『批判準則』でもある。それゆえ、いわゆる憲法附属法律についても、安易な憲法附属法律という性格の付与は許されず、憲法による点検を必要とする」[19]。松下は、こうして新しい憲法解釈によって、地方自治法などの憲法附属法の改革を構想していたのである。だが、石油危機によって財政危機が顕在化する中で、革新自治体は終焉《しゅうえん》を迎えつつあった。ここでいう憲法附属法の改革の多くは、一九九〇年代の諸改革によって実現したのである。

しかも政策に関する専門知識を省組織が内部に蓄積していた。インターネットもない時代は、省の日常的な活動の対外発信は広報誌か業界紙程度しか公的にはなく、個別に官僚から説明を受けることが、ほぼ唯一の内部情報を知る手段であった。省の官僚は二年で交代する人事慣行が一般である。それに対して、政治家は族議員として、自民党政調会の一つの部会に長く所属することで、政策知識を蓄積することができた。当選回数を重ねれば、業界との関係も密になり、部会の意見を集約したりするなど調整能力を高めていく。一九八〇年代にはそうした族議員が省の官僚より上位に立つようにも見える関係が成立した。これが「政高官低」の政官関係である。

ただし、ここでは、法令の立案をまず開始するのは省組織の側であり、党部会への説明や根回し、野党への説明や事前了解などは官僚の用務であった。政治家は受動的に指揮をするという構図が政官関係の基調をなしていたのである。

その中で、省の所管事項の性格や、歴史的経緯から、政官関係の特質はとりわけ有力な省に応じて異なった。古典的五省は、ここでこそ重要な役割を果たすのである。すなわち、総合的制度設計者としての大蔵省、官僚制内の自立的調整者としての旧内務省系省庁、自己抑制者としての法務省、外務省、防衛庁である。これに加えて、アイディアの政治の牽引者としての通産省、与野党間の調停者としての内閣法制局が重要であったのが、戦後から現在に至る日本の中央省庁と関連諸機関である。

こうして、古典的五省に、商工省・通産省・経産省という系譜の省組織と、内閣法制局とが一つのセットとなっていることが、日本の省組織の編成の特徴である。前者は、自省の所管かどうかにかかわらず、能動的に新しい分野へと組織の業務範囲を広げていく。後者は、既存の組織の法制を厳格に固める。その意味で経産省という政策革新型の発展モデルと、内閣法制局という組織の形態保存モデルとが存在しており、結果として官僚制の環境への適応能力が高められていたのである。以下では、各々について検討し、最後に、全体を見渡す意味で、独立機関と政治の関係についても考えてみたい。

三　政官関係の中の省組織・独立機関

総合的制度設計者としての大蔵省・財務省

この時代の政官関係はもっぱら法令などの政策立案をめぐって展開された。法令の多くは予算措置を伴う。そのため、どの省の所管であったとしても、法令作成は予算編成と密接な関係に立つ。結果として、内閣の要所として、首相・官房長官の秘書官や、政策面で省間調整を担う審議室長（一九八六年の外政審議室の設置に伴い改組された内政審議室の長）に大蔵省出身者が就任し、省を超えた政策の調整に大蔵省が影響力を発揮した。また政策決定手続きについて大蔵省が関与する仕組みが大蔵省主導で設計された。第一章冒頭で説明した戦後の国会法改正は、政党の側の努力で進められたが、大蔵省による協力も無視できないものであった。予算編成では、一九六六年度の予算から本格的に公債を発行するようになるが、そのための原則と手続きの制度設計もまた大蔵省が担った。

もっとも、政治案件として、重要な公共事業の予算額の決定など、政を○で囲む印を付けた項目である「マルセイ」と呼ばれた党幹部と大臣とで決定する事項では、与党が次第に多大な影響力を行使するようになった。こうして予算編成と関連法案の作成手続きは大蔵省が制度設計を主導し、与党は最終的な予算額を固めるという役割分担が成立していった。

他方で、大蔵省の予算編成は、事務的には各省が省議で決定した概算要求額を、大蔵省主計局が「査定」する手続きである。この「査定」が大蔵省の各省に対する強力な統制となった。各省の側はこれに対抗するために、筋を通した議論を大蔵省に迫る傍《かたわ》ら、重要とみなす費目については、族議員を通じて党幹部と大臣の決定する「マルセイ」にするよう働きかける。こうした予算編成は、大蔵省と各省の間の事務レヴェルでの交渉の背後に、大蔵省と政治家との政治的交渉を含む、「二レヴェルのゲーム」[20]でもあった。

また予算編成と密接に関連する租税政策なかんずく税制改革においても、大蔵省が制度設計の根幹を担い、党税制調査会の政治家がこれに賛同することで改革が実現する。課税方式や税制控除など個別業界の利益調整が必要となる改革の場合は、特にこれが強くあてはまる。一九八九年に消費税が導入されるが、これまでの過程と以後の消費税増税の手続きでは、大蔵省の根回しは政権と与党とが了承するかどうかという政と官の交渉のもとに

置かれたのである。(21)

このように大蔵省は、各省に対しても政治に対しても強力な影響力を行使する組織であった。だが、一九九〇年代になると、不良債権問題での大蔵省の判断に対する世論からの批判や、大蔵官僚と金融業界との癒着への批判など、大蔵省は「官僚バッシング」の矢面に立たされた。結果として、金融部門は大蔵省から切り離され、金融監督庁さらには金融庁へと改組されていく。その後大蔵省は省庁再編によって、財務省と名称を変える。経済財政諮問会議が経済政策の司令塔になり始めると、これと対抗しつつ財務省も政策決定の一翼《いちよく》を担った。民主党政権では二代の財務大臣が首相に就任することで、政権の政策への財務省の浸透度は高かった。第二次以降の安倍政権では、官邸が財務省に対する警戒心から極力その影響力をそごうとしているために、存在感が薄まっており、森友学園問題での国有地の払い下げ疑惑や公文書改竄などで、さらに窮地に陥っている面もある。とはいいながら、国債の大量発行と、社会保障費の増大に備えた今後の財政再建のためには、財務省の影響力が再度強まらざるを得ない時も来るであろう。

自律的調整システムとしての旧内務省系省庁

予算編成を通じて大蔵省と各省との間で調整の枠組みが作用しているのに対して、より日常的な調整の枠組みは、週二回の閣議の前に開催される事務次官等会議であった。事務方の内閣官房副長官が議事進行をつとめ、各省庁事務次官が出席して行われるこの会議では、閣議に提出される法案について事前の説明が行われた。そこで疑義が出されれば、その法案は再度疑義を出した省庁と所管省庁との間の協議に回される。通常は協議を通じた合意がなされた後に事務次官等会議に付されるが、ごくまれに協議不調のまま議題となる場合があり、練れていない案件をそのまま審議させないという狙いがある。さらにこの会議は、前後に官房副長官と事務次官とが非公式の相談、打ち合わせをする機会でもある。わざわざ官房副長官が常駐する官邸に来訪するのは案件の重大さを際立たせることにもなり、事前調整を密に行うには、こうした機会をとらえることで行政全体の円滑な作動を促す。その意味で、事務次官等会議は、政治の介入を直接受けずに行政内部で案件を自律的に処理するための制度である。こうした事務次官等会議に支えられて閣議での事務処理が円滑になる。政治の枠組みとしての大臣による閣議と、官僚制の枠組みとしての事務次官等会議は対となる会議体であった。

この仕組みにおいて、閣議を官房長官が仕切るのに対して、事務次官等会議を仕切る事務の官房副長官は、政治家が任用される官房長官の指揮に従い、また官僚制の政策指向を官房長官に伝達する。その意味で政官関係をポストに集約した関係が、官房長官と事務の官房副長官の関係なのである。

　そして、小泉政権以前でこの官房副長官のポストを輩出したのは、もっぱら旧内務省系の自治、厚生、労働、警察の各省庁であった。他にも建設省、環境庁、国土庁など旧内務省系の省がある。これらの中には大蔵省出身の官僚と旧内務省系の官僚が交互に事務次官を占めるケースもあったが、設置の経緯は旧内務省系の省を母体としている。つまり、事務次官等会議は、全省庁の事務次官が出席するとはいえ、分かれた後も職員名簿を共有するなど、同質性の高い旧内務省系省庁のネットワークの維持管理を他省庁にも押し広げたという性格の会議である。この会議の役割を戦後の経済復興の過程について、村井《むらい》哲也《てつや》は議事録を用いて綿密に分析したが、[22]そこでは、ストライキ対策や治安問題など、戦後初期の内政問題への対策を実質的に討議していた。もちろんこうした例外的な時期を除くと、事務次官等会議での調整内容は、政治的に死活的に重要であるとは言えないため、一見無力な制度に見えるが、割拠性の強い当時の省庁制を統合する役割を果たしていたのである。

　田中角栄内閣で官房副長官を務めた後藤田正晴は、官房副長官のポストをこう描写している。[23]

官房副長官にはどういう役所の出身者を選ぶかとなりますと、運輸省出身の方が官房長官になった時代に運輸省出身者を官房副長官にしたことが例外的にあります。しかしそれ以外は旧内務省系です。

なぜかというと、それ以外の産業官庁、事業官庁は、あまりにも民間との関係、あるいは政治との関係で、関係が深すぎるということで、政治の総合調整をやる場合、偏ったことをやっているのではないかという憶測を受けるおそれがあるからですね。その点、内務省は特殊利害との結びつきがないんです。ゼネラリストですからね。そういう経緯があって、旧内務省出身者がほとんど副長官というポストを占める。だから、警察、自治省、厚生省、労働省、こういう旧内務省系が占めることが多いんです。ところが建設省は旧内務省系であっても、偏っていると言われるおそれがありますから、その出身者はなっていないんです。

このように「偏り」のない旧内務省系の省庁から官房副長官が就任し、官僚制内の問題を自律的に処理する枠組みが形成された。内務省の後継省庁は、この枠組みの核を形成してきた。

しかも、一九八〇年代までの官房副長官の任期は二~三年であったが、長期にわたって担ったのが一九九〇年代であった。一九九三年、細川護熙《もりひろ》連立内閣の成立で自民党が一度野党に転落し、羽田《はた》孜《つとむ》内閣を経て、村山富市《とみいち》を首班とする自民・社会・さきがけの連立内閣で再度自民党が政権に復帰するという局面があった。このとき七年四ヵ月にわたって自治省出身の石原信雄《いしはらのぶお》官房副長官が、内閣の交代を経た政と官との結合を担った。石原の後任で厚生省出身の古川貞二郎《ていじろう》官房副長官は、この時期に進められた省庁再編の準備を担い、一九九八年の参議院選挙後のねじれ国会を経て自民・保守・公明の連立内閣が成立して、小泉政権が発足した後の二〇〇三年まで八年七ヵ月副長官を務めた。このように連立政権の枠組みが入れ替わり、官僚制自体が大規模な改革にさらされた時期に、官房副長官が長期にわたって在職することで、官僚制が外部からの恣意《しい》的な介入を受けることなく、継続的に事務を処理できる体制が作られていたのである。

アイディアの政治の牽引者としての通産省

これまで述べた大蔵省と内務省は、戦前の官僚制内の二大省であり、伝統を継承する省として、継続性をきわめて重視した。その意味では、概ね変革を促進する省ではなかったのである。これに対して、関東大震災後の一九二五年に農商務省から分離して成立した商工省とその後身である戦後の通産省、二〇〇一年の省庁再編後の経産省は、激変する国際政治経済情勢に対して、能動的に適応するため変革を辞さない省であり、官僚制内では異色の省であった。急速に変化する内外の経済と直接関わる省であり、継続性よりも適応性が組織価値であった。そのため、激変する時代の要所で、新しい構想を担う官僚集団がここから登場した。かつてアメリカの政治学者チャルマーズ・ジョンソンが描いたように、日中戦争の開戦後、総力戦態勢を構築する過程で登場したのが岸信介ら「革新官僚」であった。岸は満州国の重工業化を推進した後、商工次官さらには東条英機《ひでき》内閣の商工大臣として総力戦を支える統制経済の仕組みを構築したのである。敗戦後、経済政策を総合的に運営する経済安定本部が設置されたときも当時の商工省から主要な官僚が出向した。[24]

その後も通産省は、一九六〇年代にはＩＭＦ八条国への移行に伴う経済の自由化に対応し、一九七〇年代には石油危機後のエネルギー政策の再編を担い、一九八〇～九〇年代には主としてアメリカとの貿易摩擦の前面に立った。こうして通産省は、高度経済成長と石油危機後の日本経済の復活を支えたという強烈な自負心をもとに、果敢に他省庁の所管に要求を突きつけて関与しようとした。この異色の行政スタイルから、冷戦終結後の一九九〇年代には、官僚制全体の改革者集団が立ち現れる。省そのものがそうであったというよりは、改革者たらんとする官僚が多数通産省から登場したのである。改革官僚たちは、政策評価技法の開発と普及、政治課題としての省庁再編の主張を続け、さらには公務員制度改革の非公式の推進集団となっていく。

もっとも、この時期の改革の企図は成功していない。省庁再編では通産省は、必ずしも多くのポストを内閣官房に確保することができなかった。公務員制度改革も、第一章で触れたように、能力等級制度の改革などは当初の通産省出身者の改革構想からは大きな後退となった。結局は、財務省と旧内務省の主導する継続性と安定性の観点から、改革は進んだととらえるべきであろう。本書で言えば、制度の作動に十分配慮した形で省庁再編は進められたのである。

こうした革新者としての通産官僚の性格は今でも濃厚に残存している。第二次以降の安倍政権の官邸の中枢には、今井尚哉秘書官をはじめとする経産省出身者のグループが経済政策で大きな発言力を持ち、地方創生、女性活躍、一億総活躍、人づくり革命といった内政上の課題を牽引しているのである。

斬新なアイディアを提示する通産省の官僚集団については、従来も「アイディアの政治」の典型として分析されてきた(25)。だが注意すべきは、この官僚集団は必ずしも省組織として一丸となって行動するわけではない。また他省と連携するよりは、アイディアの魅力で与党と政府幹部ひいては政界を縦断し、賛同者とともに他省を統制するというスタイルをとる。他省からは相当に警戒されるが、それに構わず前進するのがこの省の特性である。

自己抑制者としての法務省・外務省・防衛庁

司法省の後身の法務省、外務省、再軍備の結果設置された防衛庁は、いずれも国家の職能としてきわめて重要な機能を担う省庁である。

戦前には司法省は、政治家の汚職を摘発することで、政治に対して隠然とした影響力を発揮し、軍も一九三〇年代以降は政治介入を辞さない軍部として、太平洋戦争への道を開いた。外務省では、第一次世界大戦後に、若手外交官グループによる「革新同志会」が結成され、省の改革を唱えた。一九三〇年代以降には、軍部に同調し英米との提携を排そうとする「革新派」のグループが登場し、政府の外交方針を公然と批判するといった動きが見られた。これに対して戦後は、自ら政治に介入するのではなく、専門性を高めて政治とは距離を置くのが三組織の特色であった。

法務省は、検察庁を抱え、検察官によって主導される。一九五四年、第五次吉田茂内閣が造船疑獄の際に、法務大臣を通じて指揮権を発動して捜査を終了させ、池田勇人、佐藤栄作といった有力政治家を守る措置をとった。その後はこうした政界からの介入を遮断するため、現場の特別捜査部による政界の汚職摘発といった作用を除けば、政界とは距離を置く省となった。

また外務省は、戦後外交が、一方で日米関係を基軸とし、他方で省内では条約の法技術的解釈を担う条約局を主流とする組織であった。そこでは、政界への工作を働きかけるような能動性を持たなかった。もっとも冷戦終結後の国際環境の変化のなかで、一九九一年七月の臨時行政改革推進審議会（第三次行革審）が、「国際化対応・国民生活重視の行政改革に関する第一次答申」において「対外政策推進体制の整備」を提言したことを受けて、九月に外交強化懇談会が設置された。その答申にもとづいて省内に総合外交政策局が設置されるとともに、職員数全体を五〇〇〇人規模まで増大させる。そうした所掌事務と人員の拡大を続けた結果、幹部による省内の掌握が脆弱《ぜいじゃく》になる一方で、省庁再編の際には大きな変化を被らなかった。結果として、二〇〇〇年前後に不祥事が頻発し、政治との不透明な関係も明らかとなり、省庁再編とは別個に改革の対象となっていく。

同様に、防衛庁は、憲法第九条との関係で専守防衛方針を守り、野党から国会で追及を受けないようにするために、政界から自律性を保った。「文民統制」（政治が軍事に優先する）を国会は求め、これに対して庁内では、「文官統制」（防衛官僚が自衛官より優位）というキャリアの防衛庁の官僚が、自衛隊と政治との間に立って政策立案・法令改正・予算交渉を行う仕組みを作り上げたのである。

冷戦終結後、国連の枠組みでPKO（国連平和維持活動）などの集団安全保障への積極的な関与を日本は求められるようになる。その結果、まずは外務省内に国際貢献への参画を求める集団が登場する。防衛庁も、海外派遣の経験を蓄積し、徐々に自衛隊と政治との関係を直接築くことが求められ、「文官統制」が次第に変質していく。結果として、省庁再編時には庁のままであったものが、二〇〇七年に防衛省へと昇格する。こうした動きが次に述べる内閣法制局による憲法解釈を政治化させるようになっていくのである。

与野党間の調停者としての法制局・内閣法制局

省組織ではないが、これに準じた組織であり、内閣に属しながらもこれに対して独立性を保ちつつ、法令・条約案を形式面で徹底審査する組織が内閣法制局である。また政府の憲法解釈について、国会で長官が答弁することで政府の憲法解釈を確定する組織でもある。長官は、閣僚に準じた地位を持ち閣議に陪席する。職員は、独自に採用するのではなく、各省から法令執務に適した職員を出向させ、その中でも適任とみなされた職員が法制局に転籍する。部長には、法務、総務（旧自治）、財務、経産、農水からの転籍者が就任し、長官となるのは、うち農水を除いた四省出身者となるのが慣行であった。これは一度は第二次安倍政権で小松一郎が外務省から長官へと任命されることで破られたが、その後は法務出身の官僚が就任している。

内閣法制局の前身である戦前の法制局は、敗戦後の占領改革で廃止の対象となったが、法令審査機能の重要性から職員を大幅に入れ替えることでかつての伝統を刷新するものとして形を変えて存続した。特に占領終結後、法務府から法制局が分離し、保安隊を自衛隊に改組する際の吉田茂首相の国会答弁を補佐するため、憲法解釈を確定する機関として活性化した。名称も一九六二年に法務局から内閣法制局となった。

もっとも、憲法解釈の実務では内閣法制局長官が国会で答弁し、それへの野党との質疑応答を通じてさらに解釈が明確化され、国会の記録に残ることで確定していく。そのため、長官の答弁は事前に閣内で調整を終えた上で、野党との質疑応答を経ることになり、結果として与野党の憲法解釈を調停する機能をもってきた。実際に、答弁に疑義が生ずれば野党が審議を中断することもありうる。したがって、長官の答弁が審議を中断させず、野党がこれに質問を加える過程を経ること自体が、野党もまたその答弁を受け入れたことを意味する。こうして、憲法解釈は、政権と与野党が国会審議の中で合意を蓄積しつつ確立するのであり、内閣と国会との実質的な共同作業であった。その際に法律解釈と答弁の能力に関して、長官は、首相・内閣はもちろんのこと、野党からの信頼を得ることが不可欠である。

このような内閣法制局は、その高度な専門技術によって、行政部内の法令を審査し管理するのみならず、与野党の間に立つ調停者でもある。首相のもとに法令分野でこれを補佐する強力な官僚集団がおり、野党との間でも調停者として機能することが、自民党長期政権の安定を生み出す一つの基盤であった。

こうした情勢は、冷戦終結後政界再編が進むと次第に変化する。国際紛争におけるＰＫＯなどへの自衛隊派遣など、国際貢献を海外諸国から要求されるなかで、内閣法制局による憲法九条の解釈を柔軟にするよう政治が求めるようになる。しかも、それまで内閣法制局の憲法解釈を野党の側から支えた社会党が政界再編の結果社民党に党名を変え、少数政党に転落すると、内閣法制局を改組したり、その役割を縮小しようとする動きが顕在化し始めるのである。

独立機関

省組織のみならず、裁判所をはじめとする独立性のある機関が存在する。これらの機関は、合議体であることが通例である。憲法上の機関では会計検査院、国家公務員法上の人事院などがある。その委員の選任は、内閣が決定し、場合によっては国会が同意する手続きを踏むものもある。初期の自民党政権が強く求めたのは、人事院と公正取引委員会の廃止であった。前者は、公務員労働組合と政府との間に立つ機関であったが、公務員の労働運動と対決する自民党からは不要に見えた。後者は業界のカルテルを摘発する公正取引委員会の姿勢に対して、業界を保護するという政治的戦略から主張された。しかし、そうした主張は一九六〇年代にはあからさまにはなされなくなり、概ね自民党政権と独立機関とは、公然と対立しない範囲で人事の上では自主性に任せるスタイルがとられる。

裁判所でさえも、正面から違憲立法審査権を行使したのは、一九七〇年代に入ってからであった。自民党政権に批判的な法律家団体であった青年法律家協会に裁判官が加入していることを自民党が問題視した一九六〇年代の「司法の危機」が収束し、公務員の労働基本権をめぐる判決が二度の判例変更を遂げて制限を強める方向で確定する直前であった。最初の判決は、尊属殺人の厳罰を規定した刑法第二〇〇条を違憲とする事案であった。娘に複数の子供を産ませた実父による娘への虐待に対して、思いあまった娘が父親を殺害するという痛ましい事件であり、社会的にみても規定の非合理性について十分了解可能なものであった。このような案件が最高裁判所の事件となったときに、初めて違憲立法審査権を行使したというのは、きわめて慎重な対応をとり続けたことを意味する。それが、戦後の司法権の特性であった。

これらの安定的な関係は、一九九〇年代になって変化した。日米構造協議でアメリカは日本の非関税障壁を打破するために独占禁止法の改正を求めた。以後の規制緩和の中で公正取引委員会は課徴金引き上げなど権限を強化し、委員会自体の定員も拡充したのである。日銀は日銀法改革によって、政策委員会の議事録の公開に転じるとともに、政府からの独立性を強化した。また地方自治体をここに含めるならば、地方分権改革により国の関与を縮小させる地方分権一括法が一九九九年に成立した。こうした改革の延長線上で司法制度改革が行われ、裁判員制度の導入、法律専門家養成のための法科大学院の設置、裁判外紛争解決の導入などの措置がとられていく。冷戦終結後の民主化とグローバル化の中で、独立機関の権限を強化し、それらが省庁を監督する仕組みが取られる方向で改革が進んだのである。

四　政治と省組織・独立機関との安定的な関係

このように自民党長期政権のもとでは、徐々に自民党が官僚制に対する統制を強めつつあったが、官僚制が主体的に政策形成に対応し、独立機関は消極的にその事務を遂行する関係にとどめていた。省庁は独自の機能を発揮して政治と協力していたのである。国家の中核として古典的五省の領域で各省庁が行政活動を安定的に担う。これに、一方で状況に柔軟に適応しようとする通産省・経産省が変化を引き起こし、他方で法令上の強度の安定性を内閣法制局が掌握する。アクセルとブレーキをそれぞれきかせながら、日本の官僚制が政治との間でバランスを取っていた。「政高官低」という指摘もあったが、官僚制が自らをコントロールして政治と対峙する状況のもとで、官僚制はまさに自己作動していたのである。

そこにおける予算を中心とした総合的制度設計、自律的調整、アイディアの政治の牽引、自己抑制、与野党間の調整といった機能は、そのどれか一つが欠けても政権を不安定に陥れる。これらを十全に機能させながら、経済財政諮問会議という新しい制度を用いて改革を進めることができたのが小泉政権であり、そうした点に鈍感であったために、改革に失敗したのが第一次安倍政権と民主党政権であった。

---

(1) 猪口孝『現代日本政治経済の構図』東洋経済新報社、一九八三年。Michio Muramatsu, "Patterned Pluralism under Challenge: The Politics of the 1980s," in Gary D. Allinson & Yasunori Sone eds., *Political Dynamics in Contemporary Japan* (Cornell University Press, 1993).

(2) 辻清明『新版　日本官僚制の研究』東京大学出版会、一九六九年。

(3) Renate Mayntz and Fritz Scharpf, *Policy-Making in the German Federal Bureaucracy* (Elsevier, 1975): 35–38.

(4) 辻清明「日本における行政学の展開と課題」（同編集代表『行政学講座　一』東京大学出版会、一九七六年、三〇三頁。

(5) Otto Hintze, "Die Entstehung der modernen Staatsministerien," in Hintze, *Staat und Verfassung* (Vandenhoeck & Ruprecht, 1970): 275–320; and Hintze, "Das Preußische Staatsministerium im 19 Jahrhundert," in Hintze, *Regierung und Verwaltung* (Vandenhoeck & Ruprecht, 1967): 530–619.

(6) Jos C. N. Raadschelders, "Size and Organizational Differentiation in Historical Perspective," J-PART 7 (1997): 431; Walter J. M. Kickert & Frans A. van Vught, eds., *Public Policy and Administration Sciences in the Netherlands* (Prentice Hall / Harvester Wheatsheaf, 1995): 5.

(7) Tim Knudsen, "Niedergang des Absolutismus und Aufstieg des Ministerialsystems in Dänemark 1814–1839," JEV 16 (2004): 55.

(8) 美濃部達吉『行政法撮要』有斐閣、一九二四年。

(9) 美濃部達吉『日本行政法　下』有斐閣、一九四〇年。

(10) 牧原出『内閣政治と「大蔵省支配」』中公叢書、二〇〇三年、一八九～一九二頁。牧原出「『省庁体系』に関する一考察」『季刊行政管理研究』第八七号、一九九九年、三一～一五頁。

(11) 岡田彰『現代日本官僚制の成立』法政大学出版局、一九九四年。

(12) Paul J. DiMaggio & Walter W. Powell, "The Iron Cage Revisited: Institutional Isomorphism and Collective Rationality in Organizational Fields," *American Sociological Review* 48 (1983): 147–160.

(13) 川人貞史『日本の国会制度と政党政治』東京大学出版会、二〇〇五年、六六頁。

(14)『朝日新聞』一九五五年一一月二二日（夕刊）。

(15) 中北浩爾『経済復興と戦後政治——日本社会党1945—1951年』東京大学出版会、一九九八年。
(16) 林由美「片山内閣と炭鉱国家管理」『年報・近代日本研究4　太平洋戦争』山川出版社、一九八二年、二二一～二三八頁。
(17) 今村都南雄『組織と行政』東京大学出版会、一九七八年、二七九～三二三頁。森道哉「公害国会の見取り図」『立命館大学人文科学研究所紀要』第一〇一号、二〇一三年、二七～六三頁。新川敏光『日本型福祉の政治経済学』三一書房、一九九三年。
(18) Kurt Steiner, Ellis Krauss, and Scott C. Flanagan, eds., *Political Opposition and Local Politics in Japan* (Princeton University Press, 1980).
(19) 松下圭一『市民自治の憲法理論』岩波新書、一九七五年、一七六頁。
(20) Robert D. Putnam, "Diplomacy and Domestic Politics: The Logic of Two-level Games," *International Organization*, 42 (1988): 427–460.
(21) 加藤淳子『税制改革と官僚制』東京大学出版会、一九九七年。
(22) 村井哲也『戦後政治体制の起源』藤原書店、二〇〇八年。
(23) 後藤田正晴『情と理　上巻』講談社+α文庫、二〇〇六年、三一九頁。
(24) チャルマーズ・ジョンソン『通産省と日本の奇跡』勁草書房、二〇一八年。
(25) 内山融『現代日本の国家と市場』東京大学出版会、一九九八年。

第四章

小泉純一郎政権以後の自民党と官僚制

——官邸主導による新しい政権のあり方

一　一九九〇年代の改革における内閣強化と省間バランス

国家の滅失

これまでもたびたび触れてきたが、冷戦終結後の一九九〇年代には、統治機構の全面的な改革が進められた。独立機関が強化されるとともに、省組織も一九九七年に最終報告が出された行政改革会議の決定によって、大胆に組み替えられることとなった。その後準備を重ね、二〇〇一年一月に新しい省の体制が発足した。そして四月に小泉純一郎政権が成立した。新しい省組織を実質的に動かすのはこの内閣からであった。

小泉政権については、「官邸主導」の政策形成が開始されたという趣旨での分析は数多《あまた》あり、現在の感覚では改革を作動させるのは相当に困難なはずだが、当時はいとも簡単に改革が滑り出したように見えた。だが、時間が経《た》つと見えてくる課題がここにある。全面的な改革を一気に作動させてみて、なぜ成功したのか——作動学からの問いを本章ではとりあげてみたい。

政治改革、地方分権改革、省庁再編、司法制度改革といった憲法上の諸機関の改革が続いたのが一九九〇年代であった。憲法附属法である公職選挙法、地方自治法、内閣法、国家行政組織法、裁判所法といった法律が次々と改正された。統治機構が様変わりした点で、周到に設計された憲法改正とも言いうる改革であった。

とはいえ、地方自治体や司法権、これに日本銀行改革も含めると、独立機関の権限が強化された。いわば、冷戦終結を背景に、国際機関に対しては国家の、地方自治体に対しては中央政府の、司法・立法機関に対しては行政機関の権限の縮小が図られた。それを当時は、「国家の滅失（hollowing out）」「統治からガヴァナンスへ」という方向性の改革とみなしたのである。[(1)]

ふりかえれば、国内の民主化を図るために制定された日本国憲法は、こうした国家の役割を制限する方向性に本来的には適合的であった。それへの反動から、戦後の保守政党とこれを統合した自民党による長期政権は、むしろ国家の滅失とは逆方向に向かおうとしていた。だが、その自民党でさえ、政治改革の流れの中で、細川護熙内閣の成立によって一度は野党へ転落し、村山富市内閣の成立とともに社会党・新党さきがけとともに与党に復帰するという過程を経て、国家の役割の縮小に賛同していく。結果として、一九九〇年代の一連の改革は、日本国憲法下の憲法附属法をその制定時の発想に沿って改革し直したのである。

内閣機能の強化と「省間バランス」

しかしながら、この想定は二〇一〇年代とりわけリーマン金融危機後の混乱する世界からふりかえると、あまりに楽観的であった。むしろ今では改革の方向は反転している。すでに一九九〇年代の改革の中に、その起源が潜んでいたのである。

第一に、内閣と各省との関係では、「内閣機能の強化」として各省に対する内閣官房の権限が強化されたことである。そもそも省庁再編は「省庁セクショナリズム」の打破が目的であったため、首相と補佐部局による調整に期待が寄せられた。これらは、「国家の滅失」ではないどころか強化ですらある。省庁再編施行後の小泉純一郎政権は、「官邸主導」によって新しい内閣のあり方を示したのである。

第二に、「大括《おおぐく》り編成」によって、省庁の大胆な再編と強化が図られた。しかしながら、省の編成の方針として「各省間の健全な政策論議を確保するため、事務のまとまりに着目する場合にあっても、省の大きさや省間の力のバランス（予算、権限等）の確保について留意する」という「省間バランス」が維持された。これは、各省同格の規格化がここでも貫徹されたことを意味している。

一方で内閣による各省への統制と調整が強化され、他方で各省の規格は厳格に守られた。小泉政権の官邸主導も、官邸が関心を向けた民営化と構造改革関連の一部の案件を除けば、官僚主導の政策形成が主流であった。ここでの「省間バランス」とは、自民党が長期にわたって与党を占め続ける際に適合的な省組織である。そもそも政権交代による政策革新の条件は強い省と強い与党の連合である。これにより、相対的に弱い省の所管と組織編成を改変し、以前の政権の政策とは異なる政策体系を策定できるからである。これに対し、「省間バランス」の強化は既存の政策を継続しつつ微修正を図る長期政権に適合的である。その典型例が小泉政権末に具体的検討に入り、第一次安倍晋三政権で実現した防衛庁の防衛省への昇格である。これは古典的五省の省としての再現であり、長期政権下での省庁編成の完成であった。こうして政権が維持する中で、新しい省庁体制を円滑に作動させるために必須の組織原理が維持されたのである。

以上のように、第一に、政治改革による政権交代の可能性が追求され、広い意味での独立機関の強化が図られた。第二に、内閣機能の強化によって、首相とその補佐集団による政策形成の主導が可能となった。第三に、自民党が長期にわたって政権を継続する制度的基盤でもある「省間バランス」は維持された。与党に対する「官邸主導」と、官邸が集中的に一部の省の所掌に関与した特定の争点における「官邸主導」、その他多くの政策の既存の省庁に対する委任という小泉政権の複雑な性格は、こうした改革の結果に対する適応の結果であった。つまり、官邸が強く関心を持つごく狭い領域に「官邸主導」を貫徹してそこで省間調整を進め、与党に対する優位を保てるが、その他の領域は以前と同様に、与党と各省官僚が政策形成を主導したのである。同時代から批判された小泉政権の「シングル・イシュー」(一つの問題をとりあげる政治手法)とは、一九九〇年代の改革後の政権にとり、宿命であった。

政官関係からみると、当時は燃えさかる官僚バッシングの時代であり、政治からの官僚制への圧力はきわめて高かった。政治改革の結果としての衆議院小選挙区比例代表並立制による初めての選挙は一九九六年に行われており、選挙制度改革の結果は緩慢に現れ始めたに過ぎず、政権交代の可能性は当面見いだせなかった。そこで唱えられた省庁再編で求められたのが、内閣機能の強化であった。省庁セクショナリズムを克服するために、内閣を中心に「オール・ジャパン」で政策論争を行うことが目指されたのである。政権交代は必ずしも現実のものとまでは考えられておらず、省に業務を任せきりにするのではなく、選挙で信任を得た政権の内閣が課題を整理し、複数の省が関係する案件では、それぞれについて調整を求めていく。セクショナリズムを克服して有効な政策を決定することで、国民の信頼に応え、「官僚バッシング」を克服するという方向性である。

滞りなく作動する省庁再編

この省庁再編が滞りなく作動したのは、周到な準備があったからである。一九九七年に最終報告が出されてから、二〇〇一年まで三年近くかけて、新省の名称、局・課の決定、庁舎の配分、人事計画などの準備を重ねていたのである。

当時の官房副長官であった古川貞二郎はこう回想している。(2)

中央省庁再編は内閣機能の強化と縦割り行政の打破を目指して橋本龍太郎内閣で基本方針を決定し、次の小渕内閣で関連法が成立し、その実施は森内閣に委ねられていた。

再編に伴って移動、移転する省庁が多く、日常の行政事務に影響を及ぼさずに移転作業をするのは難事業だった。霞が関からは「一月は無理。四月に延期も」という空気が出てきた。三カ月の違いだが、予算作業は一年遅れになる。私は緊張した霞が関の気が緩むことを恐れた。

私は森総理や中川官房長官の判断を仰ぎ、実施は予定通り一月六日とすることを閣議決定し、霞が関の退路を断ち切った。これによって全省庁の緊張感と士気が高まり、再編作業に拍車がかかった。

特に人事計画は周到であり、次のような配慮が事前になされていた。(3)

私は統合予定省庁には三年前から合同採用、合同研修、人事交流を実施するよう求め、統合省庁内の早期融和に努めた。たすき掛け人事を排除するため、統合省庁の次官を呼び「七、八年先までの次官候補者をリストアップして出してほしい」と求めた。

出てきた次官候補者の数は意外に少なかった。霞が関では次官になる人材は次第に衆目が一致してくる。ある意味で霞が関の次官人事はガラス張りのようなところがある。すぐというわけにはいかないが、たすき掛け人事はいずれなくなると私は確信した。

しかも、再編前後の省を見比べると、前章でとりあげた省のうち、財務省、外務省、法務省、防衛庁、経産省、内閣法制局には大きな変化がない。内務省系の省では、厚生省と労働省が厚生労働省になったり、建設省が運輸省・国土庁などと合併して国土交通省になったり、自治省は郵政省の電気通信部門、総務庁と合併して総務省になるなどの変化が生じている。だが、官房副長官が留任したことで、運用に混乱が生じないように配慮されていたのである。大きく変化したのは、運輸省・郵政省という事業官庁と、総理府外局の大臣庁であった。官僚制の中核的な省は温存されたのである。政と官が多面的に協力する制度は十全に作動していた。

これに対して、この改革の提言をうけて制度化されながら、実際には作動しなかったものに「政策調整システム」がある。従来の省庁間の調整は、所管省が他の関係省に政策案を説明し、了解を取るという所管省が主導する手続きであったが、ここでは他省が所管省に能動的に意見を申し入れる仕組みが取り入れられた。この手続きは、その後もほとんどとられていない。なぜならこの制度は、官僚の行動そのものを抜本的に変更するものであったからである。

二　政権中枢の再編

新しい府省庁の発足

省庁再編は、合併によって省の数を削減するとともに、内閣の機能を強化するため、内閣官房に企画権限を与えた。従来内閣官房と総理府との関係は、定員の少ない内閣官房に対して、総理府に同じ所掌の室を設けて、そこに職員を配置し、室長と周辺の一部職員のみが内閣官房と総理府の双方を兼任するという方式をとっていた。このような所掌の重複《ちょうふく》を解消し、内閣官房は首相の補佐、内閣府は「知恵の場」として大臣と民間人とがともに議員となる会議を複数置くという方式をとった。経済財政諮問会議、総合科学技術会議、男女共同参画会議、中央防災会議である。

こうした体制の発足時は森喜朗内閣であって、特に斬新な発想で政権運営に臨むことはなかった。中でも経済財政諮問会議は、宮沢喜一《きいち》蔵相が、大臣の懇談の場として位置づけて、財政政策に深く関与させない運用を求めたために、活性化されないままであった。つまり、新しい省庁に転換したとはいえ、官僚も大臣も行動を変えずとも制度は作動したのである。

ところが森首相が総裁選不出馬を表明した後、元首相の橋本龍太郎に総裁選で圧勝した小泉純一郎は、「自民党をぶっ壊す」として派閥にとらわれずに組閣を行い、従来とは発想を一新する構造改革による財政再建を掲げた。そして小泉が起用した経済財政政策担当相の竹中平蔵《へいぞう》が経済財政諮問会議を、従来とは異なる発想で運営していったのである。

こうしてみると、まず森内閣時代の運営が従来の発想に近かった分、新設の会議でありながら、とりあえず関係者は初期段階の作動を経験していた。四ヵ月ほどの「試運転」の後、小泉政権で本格運転に入ることができた。民間議員と事前に調整を経たペーパーで会議を主導し、就任当初から二ヵ月後の六月に予算編成の基本方針を「骨太の方針」としてまとめることが打ち出された。秋からの予算編成作業への拘束を避けたい財務省は、これを全否定するのではなく、方針の策定作業の中に自らの意向を反映させようとした。そもそも予算編成の手続きを制度設計してきたのは財務省であった。その手続きの中から方針の策定作業を取り出し、早めるのであれば作動はさほど困難ではなかった。こうした状況は、大蔵省に在籍した経験のある竹中経済財政政策担当相は了解していた。竹中は、運営方針を「予算プロセスをマクロ経済の立場から統括する」ことと要約している。[4]「政策は年の前半に議論し、これを骨太方針として閣議決定する。そして年の後半は、マクロ経済との関係を念頭に予算の全体規模を管理し、内容的には骨太方針に沿って予算の編成を行う」。それに続いて、竹中はこう述べている。[5]

私は骨太方針に続いて、健全な予算プロセス実現のために、諮問会議の場で二つのポイントについて改革を進めたいと考えた。その第一のポイントは、骨太方針に示された様々な政策を確実に担当省庁に実施させ、また予算に反映させることだった。第二のポイントは、予算編成にあたってはマクロ経済と財政を明示的に関係付けて議論すること、またその仕組みを作ることだった。

このプロセスは、経済財政諮問会議がすべてを執り行える性格のものではない。財務省による「担当省庁に実施させ」る指示も必要であろうし、マクロ経済と財政を「明示的に関係付け」た議論には財務省も加わることは当然である。したがって、財務省との協力と競争関係によって実現されるものである。その点で竹中の構想は、財務省を巻き込む仕組みでもあった。

さらに、竹中の独自性は、二つある。一つには、自身が述べているように「工程表」という「政策実施のスケジュール」を作成し、各省を実施へと駆り立てることであった。[6]二つには、この会議の模様を終了後の記者会見でメディアに細かく伝えるとともに、当時ようやく整備されてきたウェブサイトに資料、議事要旨を可能な限り迅速にアップロードするようにしたことである。公開性に重きを置き、メディアの関心を方向付けることを意識したのである。また、毎年の骨太の方針で「改革なくして成長なし」といったメッセージを繰り返したのも竹中の特徴である。同じメッセージを毎年発することで、その内容が受け手に刻み込まれることを竹中は熟知していた。目先を変えてそのたびに関心を引こうとするのとは、対極である。竹中の回顧録は、経済財政諮問会議という制度を確実に作動させるための工夫を随所で語っている。こうした作動の意義を十分理解していた担当大臣に恵まれたことが、この会議が大きな影響力を持った理由なのである。

こうして竹中は、財務省とはその後も緊張関係に立つが、関係省が作動できる範囲の提案に努めながら改革を進めていった。これに民間議員を徹底的に動員した。大臣も事務方の提出するペーパーをときに離れて議論したのである。二〇〇二年とりわけ年末は日本経済が景気の底割れを懸念された時期である。この前後の経済政策では、強度の緊張感の中で会議は開かれ、議員も官僚も議論に参画した。行政学者の村松岐夫《みちお》は、日本の官僚制について、少ない人的資源を明確な目標を達成するために徹底活用した「最大動員」の仕組みであったと指摘した。その弊害である省庁セクショナリズムを克服すべきと説いたが、むしろこれを克服しつつあった経済財政諮問会議こそ「最大動員」の方式をとったと見ることもできる(7)。省庁単位の「最大動員」が、省庁セクショナリズムを克服すると、内閣府の会議体を中心に「動員」するようになるとみることができるのである。

特命担当大臣の意味

そして、当初の設計とは異なった小泉政権の生み出した制度の作動は、多数の特命事項について特命担当大臣を任命し、これを補佐する本部を多数設置したことである。特命担当大臣は内閣府の大臣であるが、本来は、政策統括官の補佐をうけつつ会議体を担当することが予定されていた。しかし、郵政民営化など、独自の政策分野を設定し、もっぱら内閣官房に置かれる本部を事務局とする大臣が多数生まれたのである。大臣の数は内閣法で定められているため、これらの大臣は兼任となり、どこに重きを置くかを自ら決めて政務に臨む。本部にどの程度のスタッフが配属されるかは、状況次第であった。支援が不足の場合は、内閣府の事務次官・官房長が補う形で対応するが、次官・官房長はすべての担当大臣に仕える官僚でもあり、補充的な支援にも限界がある。この仕組みは柔軟ではあるが、一定数以上の特命担当大臣が任命されたりして、重要案件が多数にのぼるとたちまち破綻しかねない。小泉政権時代は、経済財政諮問会議などの会議が発足直後でもあったために、新規の政策を開発しながら徐々に特命事項を定め、内閣官房・内閣府での政策形成は円滑であった。たとえば、郵政民営化について、竹中はこれを着実に作動させるための工夫は、郵政民営化準備室を内閣官房に設置することだと述べている。そのねらいは次の点にあった。(8)

実は、内閣官房に準備室を置くということは、もう一つの重要な意味を持っていた。もちろんそれは、先に述べたように、郵政を所管する総務省に法案作りを任せず、総理直轄でやるということだ。しかしそれに加えて、総務大臣とは別にいずれ郵政民営化担当大臣を置き、その大臣に法案を任せることを示唆していたのである。

こうして、「オール・ジャパン」の政策論争が随所で進められていたのである。

内閣官房の定員は、小泉政権時代に当初の三〇〇人規模から七〇〇人規模にまで拡大した。各省のイニシアティブを尊重しつつ、内閣本体は内閣官房と内閣府を「最大動員」した。目標が絞られており、内閣官房長官と副長官がこれらをよく監督していたために、問題がさほど深刻化しなかったのである。

そして小泉政権では、福田康夫官房長官が、森内閣時代の官房長官から留任したことで、前内閣からの円滑な政策の継承を果たした。また外交案件については、田中真紀子《まきこ》外相が実質的には外交を担当できずに辞職し、後任の川口順子《よりこ》外相の就任時には、外務省内が混乱していた。福田はこれを立て直す「外務省改革に関する『変える会』」を通じた改革を支援し、外交案件全体にも深く関与した。さらに福田を補佐したのが、省庁再編の移行全般を見ていた古川官房副長官であった。内政案件を担当した古川は、新体制のもと全体が円滑に作動するよう努めた。小泉首相は、しばしば中曽根康弘《なかそねやすひろ》首相に比して「大統領的」とたとえられたが、福田官房長官は「首相的」ですらあった。それは古川副長官のような経験豊富な中枢の官僚に支えられていたからである。

三　「省間バランス」の中の外務省改革

「最大動員」される省

前章で触れた主要な省は、いずれも小泉政権でそれぞれの役割をほぼ従来通り果たした。財務省は、経済財政諮問会議では妥協したが、財務省から出向した小泉首相の秘書官であった丹呉《たんご》泰健《やすたけ》は小泉の首相退任まで秘書官を継続してつとめ、財務省出身の官房副長官補の竹島一彦、伏屋《ふしや》和彦とともに政策調整を支えた。経済産業省では、一部の官僚が公務員制度改革を進めようとして失敗したが、産業再生機構の設立や、構造改革特区制度の提案など、政策アイディアの牽引機能は健在であった。

その他にも構造改革の衝撃を受けたのが、地方財政に関する三位一体改革とこれを受ける総務省、財政再建のため一年に一兆円規模で歳出が拡大していた社会保障費の伸びの抑制に取り組む厚生労働省であった。さらには男女共同参画が強調される中で女性が大臣に就任した省としては、文科省が三〇大学に重点的に予算を配分する「遠山プラン」を掲げた。環境省では地球温暖化対策に能動的に取り組むなど、経済財政諮問会議に牽引されつつ政策形成に努めていく。経済危機とグローバル化の進展の中で、目標を明確にした「最大動員」が良好に機能したのである。省間の競争エネルギーもないではないが、内閣府がその多くを吸い上げ、政策発案とそのための調整のエネルギーへと転換させていた。

こうして省庁再編などの新しい制度を作動させる際に、主要省に大きな変更を与えず、省間バランスを維持しつつ各省にも政策イニシアティブの発揮を促した。それにより、制度改革後の円滑な移行の段階を越えて府省が良好に作動したのである。

外務省改革

だがその例外が外務省であった。省庁再編の影響を実質的には受けなかった外務省は、小泉政権発足後すぐに、田中真紀子外相と、党の役職を歴任しながら省内に隠然とした影響力を行使した衆議院議員の鈴木宗男《むねお》とが激しく対立した。内閣は田中外相を更迭《こうてつ》するとともに、鈴木を衆議院議院運営委員長から退任させたため、後任の川口順子外相のもとで外務省は改革に取り組まざるを得なかった。

当時の外務省は、領事の公金流用、会計担当ノンキャリア職員の内閣機密費横領といった不祥事も続き、鈴木との特殊な癒着関係から、この時期に組織内情報のリークが頻発し、深刻な危機にあった。有識者会議としての「外務省改革に関する『変える会』」は、二〇〇二年七月、人事制度、組織運営、会計制度、政官関係など多岐にわたる改革案を提言した。その結果として、領事局の設置、条約局から国際法局への名称変更、総合外交政策局の権限強化といった改革が実現した。これらと並んで提言された政官の接触制限やノンキャリア職員の人事システムの改革など、人事制度の改革は概ね実現しなかったが、組織の強化は比較的多くが成案となった。この間、外務省内にも改革気運が強まり、職員からの提言も出される点では、他の省庁の改革とは異なる「自己改革」の試みも見られた。外務省は、この改革を契機に、長期的な外交体制の構築に向けて改革を進めていったと言える。その意味で、行政改革会議では対応し得ない固有の改革を仕上げたのが、「変える会」以後の外務省の自己改革であった。

以上のように、政権は、内閣と各省の公開性を少しずつ高め、自らもメールマガジンを配信するなど、インターネットを駆使した情報発信に努めた。小泉首相独自のパフォーマンスがこれに結び付き、内閣支持率を高めたのである。

また、制度を無理なく作動させることができたのは、前の森内閣が熱心に制度を作動させなかったことで十分な試運転期間があった上に、官邸として徹底活用した組織は限定されており、他は大臣が官僚とともに政策イニシアティブの発揮に努めたからである。政官両者が協働する場こそ、内閣府に設置された会議体であり、官房副長官を中心とする調整であった。小泉政権は、与党と厳しく対立したが、政治家と官僚とは政府内では逆に対立を沈静化させて、与党の介入に備えたのである。

四　首相公選制の提唱という改正されざる憲法改正

小泉首相は、みずからの「強い希望」で、「首相公選制を考える懇談会」を設置した。並々ならぬ関心を示して、これに「毎回出席」し、「かなりの時間議論にも参加」したのである。(9)総裁選挙で対立候補の橋本元首相に圧勝して総裁・首相に就任した小泉は、前後の内閣と比べても圧倒的な内閣支持率を背景に、派閥順送り人事を拒み、族議員からの構造改革への反対に抗して、首相自身の判断で構造改革を推進しようとした。首相公選への制度改革を検討する有識者会議を設置し、みずからそれに出席することで、首相公選制の改革への強い意欲を与野党と国民に示したのである。検討するまでもなく、首相公選制は国会両院が内閣総理大臣を指名するという憲法規定に抵触する。原則としては憲法改正が必要となるのである。懇談会は憲法改正も一つの選択肢とするにとどめる穏当な報告書を提出した。だが、衆参両院で国会での発議の要件となる三分の二以上の議席が与党にない以上、憲法条文の具体的な改正が小泉首相の目的ではなかった。国民からの圧倒的な支持の上に内閣が成り立つという政権の正統性を示そうとしたのである。それが従来の自民党長期政権時代の政権運営を否定した内閣の正統性根拠であり、党の「抵抗勢力」との闘争に勝利する手段であった。

また、憲法改正を要する改革を検討する姿勢を明らかにすることで、この内閣下では憲法はより柔軟となり、その解釈の幅が広げられた。小泉自身は憲法改正を政治課題とは明示しなかったがゆえに、その解釈を広げることは「小泉劇場」を自在に設定できる準備を整えたのである。

こうした姿勢の帰結が二〇〇五年の郵政解散である。郵政民営化法案が衆議院を通過し、参議院で否決された後、小泉首相は衆議院を解散した。参議院の反対に対して民意を問うために衆議院を解散したのは、憲法制度上は意味が通らないが、首相公選制の延長としてみれば、衆議院解散による総選挙で政権の正統性を問おうとするのは、ごく自然であった。

このように小泉政権を見渡すと、郵政民営化という小泉首相の宿願を達成するという目標が常に伏在《ふくざい》していた。二〇〇三年九月の総裁選挙で三選されてから、それは本格的な内閣の課題となったのである。[10] もっとも、その前段階で小泉政権は「民営化」という政策の可能性を模索していた。政権発足後の二〇〇一年六月に郵政三事業の在り方について考える懇談会を設置し、民営化を含めた将来像を検討させ、二〇〇二年九月に報告書が提出された。このゆるやかな検討作業と並行して、小泉首相が果敢に改革を進めようとしたのが、日本道路公団の民営化であった。道路関係四公団民営化推進委員会は二〇〇二年六月から二〇〇三年一二月にかけて集中的な審議を行い、これに反対する自民党の道路族議員からの激しい反発は、メディアの注目を集めた。意見書は道路建設は認めつつ、公団の民営化を進める内容であり、それによって「民営化」という方向性が堅持されていく。

そして小泉首相が郵政民営化の具体化作業を委ねたのは、経済財政諮問会議であった。二〇〇一年の政権発足後、省庁再編の果実であったこの会議を利用して構造改革を進めた小泉政権にとって、これが郵政民営化の最大の制度基盤となったのである。

並行して、先述の憲法改正をも含みかねない首相公選制について、小泉首相は政権発足後の二〇〇一年七月から二〇〇二年八月にかけて検討作業を進めた。制度のもっとも基礎となる憲法に踏み込みつつ、国民の直接的な支持を基盤にして、官邸主導の政策決定を進める姿勢を明らかにしたのである。

以上のように、改革の目的を絞り込んで明確化し、省庁再編の果実を十全に作動させ、憲法に触れるかのような身振りを示しながら国民の支持に依拠して官邸主導を進めたという三点が小泉政権の制度作動の成功要因である。しかも小泉首相は、郵政解散の勝利後、二〇〇五年一〇月の内閣改造で、それまで経済財政諮問会議を主導した竹中を総務大臣に転任させ、郵政民営化の実施を委ねた。竹中自身は大臣議員として諮問会議に出席したものの、もはや従来の竹中主導の諮問会議を必要としないという判断が取られたのである。ここに内閣は、官邸主導、構造改革のすべてを郵政民営化に振り向けた。政権の運営の重点を常に明確化し、そこでの改革の実現と実施の成功を目指したことが、この政権の特質であった。

五　第一次安倍政権の混乱

官僚機構に対する敵愾心

ある政権の発足時の評価である。

政権は「官邸主導」「政治主導」と大書してスタートしたが、「形」にとらわれ、「中身」は後回しだった。霞が関をうまく操縦できず、衝突ばかりしつづけるやり方が、短命政権の遠因となった。

『システム』を変えることで政治主導を確立しようとしたんだ

政権に漲《みなぎ》っていた官僚機構に対する敵愾心《てきがいしん》は、異様なほどだった。

「政治主導」、「システム」の変革、官僚機構に対する敵愾心。一見民主党政権の描写のようだが、マス・メディアから見た第一次安倍政権への評価である。(11)二つの政権は、性急に「政治主導」を求めた点で、共通の改革志向をとっていた。しかも、小泉政権が無理なく新しい制度を作動させることができたのに対して、小泉の自民党総裁任期満了による退陣を受けて、総裁選挙で勝利して第一次内閣を組織した安倍首相は、独自に制度を動かすのではなく、動いていた制度を止める方向に舵を切った。制度改革に伴う混乱に無自覚であったことが、制度の作動を根本的に止め、政権を弱体化させたのである。

第一次安倍政権が当初からつまずくであろうと見られた理由は、第一に内閣官房副長官に官界から長く離れていた元大蔵官僚の的場《まとば》順三を据えたことである。現役の事務次官とも年次の離れた的場は、省庁再編後の各省の実情を知悉《ちしつ》しておらず、各省を見渡して適切な指示を出すことが困難であった。これによって、事務次官等会議の役割も低下したのである。第二に首相秘書官にノンキャリア官僚を抜擢したことで、財務省出身者が秘書官集団を主導する体制は壊したものの、当の抜擢した秘書官が代わって全体を統括することができなかったことである。これによって、秘書官集団も十全に機能しなくなった。以上二点は、運用の転換が大きく失敗したことを示している。

対して、運用の保守の失敗は、経済財政諮問会議である。安倍政権下では、官僚の用意するペーパーを読み上げる形式的な会議体となった[12]。そもそも構造改革に熱心ではなく、経済政策の具体的目標も明確ではない安倍首相の下で、この会議が十全に作動することは無理であった。結果として財務省が財政政策を主導するという小泉政権以前の体制に回帰したのである。

また閣僚に不祥事が相次ぎ、官房長官と閣僚が対立するなど、政治家としての大臣が省を掌握する態勢も不十分であった。安倍首相自身が、大臣間の政策論争を聞きながら、それにコメントを加えつつ、担当大臣に結論への方向付けを指示するといった処理をすることができなかった。こうして、内閣そのものが機能しなくなっていった。

そこへ安倍首相は、道州制改革と包括的な公務員制度改革という新しい改革課題を打ち出した。まず二〇〇七年二月に道州制ビジョン懇談会を設置した。そして参議院選挙後の七月二四日に公務員制度の総合的な改革に関する懇談会を設置した。いずれも政権への批判が強まった時期であり、世論の支持を得られない改革とならざるをえなかった。また、いずれも省庁再編以上に作動までに周到な準備と年数を要する改革であったにもかかわらず、政権の幕切れの段階ですら、内容は整理されていなかった。その後の展開を見ても、道州制改革はまったく採用されず、公務員制度改革は二転三転して、第二次安倍政権の内閣人事局設置でようやく終幕を迎えた。

またこの政権は、「戦後レジームからの脱却」を掲げ、制度の作動を根本から変える憲法解釈の変更をも辞さない姿勢を当初から見せていた。それを具体化するため、安倍首相は二〇〇七年五月に安全保障の法的基盤の再構築に関する懇談会（通称「安保法制懇」）を設置した。道州制ビジョン懇談会、公務員制度の総合的な改革に関する懇談会が、安倍首相退陣後も会議を重ねて、総計で前者は三二回、後者は一二回の会議を開いたのに対して、安保法制懇は、安倍政権下で五回開催された後は一度も開催されずに、二〇〇八年六月に後任の福田康夫首相に報告書を提出したにとどまった。憲法解釈変更そのものは具体的に着手はされなかったが、第一次安倍政権が、安保法制懇での議論と並行して、内閣法制局と対立したことは、民主党政権が別の形で受け継いでいくのである。

制度の作動に関心を持たない政権

仮に政権が二〇〇七年九月で崩壊しなかったとしても、これらの改革を周到に進め、改革案を成立させることは相当程度困難であった。制度を周到に設計し、準備を重ねて無理なく作動させるというスタイルは、安倍首相のスタイルではなかったのである。

こうして一方で実現がそもそも困難な改革に着手し、他方で閣僚、会議体、官房副長官、秘書官が機能しないという状況に立ち至った。通常の慣行通り人事を行えば、作動するはずの制度を、イレギュラーの人事によって一つ一つ機能不全においやった。政権が短期で崩壊する理由がここにそろっているのである。

あえて作動学から見るならば、この時期の安倍首相は、制度を作動させることにそもそも関心がなかったのであろう。人事の慣行を変えれば、首相の意思のまま制度が作動すると考えたか、制度そのものを破壊しようとしたか、その双方かであろう。制度を的確に作動させることに最初の二年間は重点を置き、本来の宿願であった郵政民営化はその後に着手した小泉政権とは、決定的に異なっていたのである。

六　福田康夫・麻生太郎政権による制度作動の再建

小泉政権への軌道復帰

参議院選挙の惨敗後の二〇〇七年九月、体調不良から突如安倍首相が辞任した後、小泉首相再登板が模索されながらも、小泉政権への軌道復帰を期待されて首相に就任したのが、小泉政権前半に官房長官を務めていた福田康夫であった。福田首相は、官邸を一新して、小泉政権時代に官房副長官であった旧自治省の二橋《ふたはし》正弘を再度任命した。これは福田の安倍以前への回帰の意思表明であった。事実、福田は安保法制懇の報告書を受け取りはしたが、さらなる作業には着手しなかった。これもまた「戦後レジームからの脱却」とは無縁の福田の政治姿勢の表れであった。

福田首相は、閣僚についてはほぼ安倍政権を継承したが、一一月に小沢一郎民主党代表に打診を図った大連立構想が失敗すると、参議院を少数与党としたまま政権の運営に取り組んだ。福田の主たる関心は、第一に社会保障制度の充実と財政再建、第二に公文書管理制度の設計、第三に消費者問題に対応するための新組織の設置、であった。

福田は一点目として、二〇〇八年一月に社会保障国民会議を設置した。これは小泉政権後に置かれた有識者会議としては異例な規模であった。総会以外に三つの分科会を置き、経済、財政、社会保障など多様な人材を糾合《きゅうごう》したのである。同時に社会保障担当の内閣補佐官を新設し、この問題を担当させた。

そして第二に、三月には公文書管理の在り方等に関する有識者会議を設置し、公文書管理担当大臣を設けて、この問題への決意を明らかにした。その中間報告を受けて七月には公文書管理法案の準備作業を命じたのである。もっとも有識者会議の結論は、福田首相退任後の一一月であった。公文書管理のための統一的なルールと基準を策定し、そのために有識者による公文書管理委員会を設置するとともに、内閣府に公文書管理の事務を一元化し、国立公文書館の施設・定員を増やすよう提言したのである。

第三に、一月に年頭会見で福田首相は「今年を、『生活者・消費者が主役となる社会』へと転換していくスタートの年にします」と述べて、消費者庁設置を視野に入れた検討を開始した。元来福田は、政権発足以来消費者問題には関心を持っていたが、一月三〇日の冷凍ギョーザの食中毒事件を機に、消費者行政担当大臣を置き、消費者行政推進会議を立ち上げ、みずから会議に出席して議論を加速させた。四月には、各省を監視する「強力な権限」をもつ消費者庁の設置方針を示した。推進会議の提言を受けて、消費者庁関連法案を九月に閣議決定するに至った[13]。

福田政権を継承する麻生政権

これらの作業は福田が二〇〇八年九月に連立与党の公明党の意向のもと、辞任を余儀なくされたため、続く麻生太郎政権へ継承された。麻生政権では、衆議院議員任期終了が近づいていたため、総選挙が常に視野に入っており、時間をかけた政策形成が不可能であったが、福田政権からの懸案を継承し、成立させる役割は果たした。野党との修正協議を経て、消費者庁・消費者委員会を設置し、公文書管理法も制定を遂《と》げた。いずれもその後重要度が増すものであった。こうして第一次安倍政権が作動不能に追いやった制度は、福田・麻生政権で再び作動させるところまで回復したと言える。

福田政権の業績として見渡すと、新テロ対策特別措置法の成立のために衆議院での法案再議決にもち込むといった決断が、与野党激突の当時の政治状況下では際立ったが、比較的地味な課題こそが、息の長い政策効果を生み出していった。とりわけ公文書管理問題は、次章で見るように民主党政権でも十全に役割を発揮し、第二次以降の安倍政権では、森友学園問題での公文書改竄の発覚により、一層の制度の整備が求められている。制度が作動した後、充実が求められているのは、当初の制度の作動が有効であったことを示している。制度を導入へと進めた点で、福田政権は続く麻生政権とともに、以後の民主党政権へと継承されるだけの制度設計をなしとげることができたのである。

何よりも、第一次安倍政権から麻生政権までを見渡しても、社会保障国民会議は、本格的な「審議会政治」を目指した唯一の例であった。福田は、年金、雇用、医療、介護、子育てなど幅広く社会保障に関する課題を検討し、持続可能な社会保障制度を整備することで、安倍政権下で野党から激しく批判された年金問題などへの対処を進めようとした。しかも、並行して「消費税を含む税体系の抜本的改革についての検討を進める」と国会で答弁しており、消費税率引き上げの検討を滲ませていた。もっとも経済情勢の悪化により、税率引き上げを正面から提言することはなく、社会保障国民会議は、福田退陣後の一一月に最終報告を麻生首相に提出した。

麻生首相は、福田政権に引き続き、経済財政政策担当相に消費税率引き上げに積極的な与謝野馨《よさのかおる》を任命していた。一二月に与謝野は「持続可能な社会保障構築とその安定財源確保に向けた『中期プログラム』」を作成して、閣議決定へと持ち込んだ。そこには二〇一一年度より消費税を含む税制抜本改革を実施することと、そのために「必要な法制上の措置」をとることが記載されていた。これを受けて二〇〇九年度税制改正法附則第一〇四条に、この「必要な法制上の措置」を二〇一一年度までに講ずることが規定されたのである。(14) この附則もまた、政策課題の継続を保障し、政権が交代した後もこれにもとづいた対応を促すものである。制度の作動を担保するこの条文は、民主党政権で再び動き出すのである。

福田・麻生両政権は、民主党政権下の社会保障と税の一体改革の準備を進めた政権であった。特に麻生政権が過渡的な性格を持つのは、与謝野経済財政政策担当相が設置に尽力した有識者会議としての安心社会実現会議に表れている。社会保障国民会議の吉川洋《ひろし》座長を座長代理とするなど、そこでの問題意識を継承するとともに、委員に野党系の政治学者であった宮本太郎《みやもとたろう》を起用し、報告書の原案作成を委ねている。福田政権と民主党政権とを架橋《かきょう》する委員構成ではあったが、分科会もない一五名の委員数にとどまり、五回の会合で総選挙の日程が近づき終了する。こうして福田・麻生政権は、第一次安倍政権の意思決定とは決別し、政策的にも民主党に近接した課題を掲げていた。ここに起こったのが二〇〇九年の政権交代であった。

七　小泉政権の制度の動かし方

拒否する安倍と継承する福田・麻生

小泉政権は、省庁再編の果実であった経済財政諮問会議を軸に、もろもろの制度改革を断行した。それは省庁再編という組織再編をもとに、それを円滑に作動させることで、政策革新を行うというスタイルであった。ただし、与党と衝突した点では、与党による法案事前審査制をはじめとする自民党長期政権の政策決定の仕組みを変え、制度運用を転換しようとしたのである。組織再編、政策革新、制度運用の転換という三種類の改革が、渾然《こんぜん》一体《いったい》となっていた点に特徴がある。

これを継承したかに見えた第一次安倍政権は、「戦後レジームからの脱却」という抽象度の高いレヴェルで政策革新を進めつつ、従来とは異なる「政治主導」という決定の仕組みへの転換を進めようとした。だが、そこには至らず、政策革新としての道州制改革・公務員制度改革にも力及ばなかった。

福田・麻生政権は、可能な限り、小泉政権以前の安定的な政策決定の仕組みにまで立ち戻ろうとした。第一次安倍政権の変調は、後に修正されたのである。

これに対して民主党政権は、組織再編、政策革新、制度運用の転換を個別に可能なところから進めようとした。そこには明確な司令塔がなく、結果として虫食い状態に変革が進んだ。三つの改革は個別でも、官邸がはっきりと司令塔となったのが、第二次以降の安倍政権であった。

---

(1) R. A. W. Rhodes, "The Hollowing out of the State: The Changing Nature of the Public Service in Britain," *The Political Quarterly* 65 (1994): 138–151; Mark Bevir, *Democratic Governance* (Princeton University Press, 2010): 88–90.

(2) 古川貞二郎『私の履歴書』日本経済新聞出版社、二〇一五年、一一一頁。

(3) 古川、前掲書、一一二頁。

(4) 竹中平蔵『構造改革の真実　竹中平蔵大臣日誌』日本経済新聞社、二〇〇六年、二六一頁。

(5) 竹中、前掲書、二六二頁。
(6) 竹中、前掲書、二六三頁。
(7) 村松岐夫『日本の行政』中公新書、一九九四年。副題は、「活動型官僚制の変貌」であり、村松は作動学にやや近い発想をとっている。
(8) 竹中、前掲書、一五八頁。
(9) 大石眞・久保文明・佐々木毅・山口二郎『首相公選を考える』中公新書、二〇〇二年、i頁。
(10) 竹中治堅『首相支配』中公新書、二〇〇六年。
(11) 読売新聞政治部『真空国会　福田「漂流政権」の深層』新潮社、二〇〇八年、三七〜四二頁。
(12) 大田弘子『改革逆走』日本経済新聞出版社、二〇一〇年。
(13) 河合晃一「行政監視機関としての消費者委員会設置の決定過程」『行政苦情救済&オンブズマン』第二四巻第八号、二〇一三年。
(14) 清水真人『消費税　政と官との「十年戦争」』新潮社、二〇一三年、一〇九〜一一七頁。

第五章　民主党政権の混乱から学ぶこと

一　それまでのルールの作動を止める

政権交代が生み出す「混乱」

民主党政権が途方もない失敗であったという認識は広まっており、民主党に対する嫌悪感は、その後の民進党などの後継政党にまで及んだ。二〇一七年の立憲民主党の結成は、民進党幹部が提案した希望の党への合流拒否という独自の党の方向性を打ち出したことによって、かつての民主党とは明確に一線を画する野党の誕生となり、発足時の支持率は以前の民進党よりもはるかに高い水準を推移した。だが、民進党やその後継政党としての国民民主党といった政党への圧倒的な低支持率は、過去の民主党政権の失敗の後遺症とみるべきであろう。

事実、政権が崩壊した後、多くの「失敗の検証」が行われた。それは、ちょうど東日本大震災後に福島第一原子力発電所事故についての国会・民間などの「事故調査委員会」の報告を彷彿させる状況であった。こうした「失敗の検証」は、いずれも政策上の帰結や改革の結果が不完全であること以上に、そのプロセスの混乱こそが「失敗」だととらえている。

とはいえ、政治過程とは元来混乱を呼びこみうるものであり、とくに政権交代の瞬間に混乱はつきものである。野党が与党に転じる際に大なり小なり失敗は避けられない。その意味での「混乱」が、政権交代のたびに生じることは、一般にどの国でも見られる。

しかも、二〇〇九年の日本の政権交代は、憲政史上初めて衆議院解散前の少数政党が、過半数議席を制して政権を組織したものであった。現在から見ても、この時点を境に政治の構図もそこで運用されるルールも変化しており、それ以前の自民党長期政権時代に戻ることは不可能となった。つまり、民主党政権の誕生は、かつてない新しい時代へと移り変わる転機を作り出したのである。そこで生じた混乱とは、政権交代につきものの「混乱」の域を越えており、転換点であればこそ必然的に生ずるものでもあった。

民主党政権の「混乱」とは、まずは歴史上の転換期に生じた混乱であった。だが、そこには、より現実的な戦略があれば、回避できた混乱もある。つまり民主党の根本的な戦略の失敗による「混乱」である。転換期に生じた混乱、政権交代固有の混乱、党の戦略の失敗による混乱という三つを可能な限り識別することこそ、今後起こりうる政権交代に備える際に必要なのである。

まず指摘すべきは、民主党政権の「混乱」が、自民党が長期にわたって与党を占めた時代のルールの終了にもとづくものであった点である。鳩山由紀夫政権発足当初に新任大臣の多くが、既存の政策について「白紙に戻す」・「見直す」と記者会見で表明した。つまり政策の中止である。ここから何が起こるか、当時人々は固唾《かたず》を呑んだのである。

これが意味するのは、自民党と官僚制との間で長期にわたって培《つちか》ったルールの終了であった。それは政権交代につきものの変化である以上に、二〇〇九年が歴史的転換点であることから生じたものであった。旧来のルールの作動停止こそ、民主党政権が発足直後に必要としたことであった。

制度を再び動かすことの難しさ

だが、決定的に重要な問題は、ここから官僚を排した「脱官僚依存」の「政治主導」による新政策を作成することが、きわめて困難であったことである。作動を停止させた官僚制をもう一度作動させる必要があるが、それは当初民主党が想定していた以上に困難であった。些事《さじ》にこだわり、全体を見失った閣僚による「マイクロマネジメント」（強い監督・干渉を行うこと）が随所で見られ、政治家を中心に作成された法案は様々な欠陥を抱えていた。そして民主党内では、政務三役につかない陣笠の議員たちの不満が募った。内閣の一元化によって党が政策形成に関与できなかったからである。菅直人政権はこの内閣の一元化を修正し、政策調査会を復活させ、野田佳彦政権は、政策調査会に自民党政務調査会に近い法案の事前審査の権限を認めた。その民主党政策調査会が「社会保障と税の一体改革」についての最終決定になかなか持ち込めず迷走すると、多くの国民があきれ果てた。

ここから導くことのできる課題は、与党経験のない政治家がどのようにして大臣・副大臣・大臣政務官として制度を作動させられるかである。また、そうした政治家たちは、官僚が前政権時代の政策に固執したとしても、どのようにして官僚と協力しつつマニフェストに掲げた新規の政策を決定し、作動させることができるかでもある。これらこそ、政権交代の際に一般的に生ずる「混乱」への応答なのである。

そこで、本章では、まず、自民党が長期にわたって政権を占めた時代の政と官のルールが変化するという転換期特有の「混乱」として、民主党政権発足時に着目する。この時期に、民主党政権は、従来の政策を抜本的に見直すとして、情報公開を通じて透明化を図った。それらのうち、行政刷新会議の事業仕分けは成功例と当時からみなされてきた。民主党政権を契機に国民にひろく共有されたのが、会議の公開と情報公開の進展であった。ここで進められた透明性は、その後の政権をも強く拘束しており、第二次以降の安倍政権が起こした公文書の廃棄・改竄という問題も、民主党政権が透明性へと転換させた流れに逆行するものであったからこそ、強く批判されたのである。民主党政権が、自民党長期政権の諸問題を明らかにするために設置した行政刷新会議は、その当時は大きな注目を集めた。この透明化とは何だったのかを検討する。

次に、マニフェストに掲げられた政治主導を当初の一〇〇日でどのように実現へと進めようとしたのかを作動学の視点から考察する。そこには民主党固有の問題もあるが、政権交代に向けて何を事前に用意すべきかを予測できなかったゆえの失敗もあった。それらを考えてみたい。

そして第三に、古典的五省、経産省という変化の牽引者、内閣法制局という法制の安定的な管理を担う組織、のそれぞれをめぐり、民主党政権がすすめた政官関係の改革を検討する。それによって、官僚制の根幹の制度をどう運用できたか、を確認する。

最後に、様々な「混乱」をくぐりぬけて成立した法律の意義をとらえ直す。それは確かに変化を産んだからである。当初の意図が法律に部分的にではあれ反映されたものもあるが、意図せざる変化を生んだ場合もある。マニフェストにはない案件でありながら、民主党政権の最後の内閣であった野田佳彦政権が基本施策に設定したのは、社会保障と税の一体改革、より具体的には消費税率引き上げである。財政再建が必要であることは、ひろく認知されていたとしても、国民の了解のない増税はやはり責められて然るべきであろう。ここで民主党のみならず、自民、公明の三党合意となった消費税率引き上げは、第二次安倍政権によって二〇一四年四月に五%から八%への引き上げとして実施された。二〇一四年一一月に八％から一〇％への引き上げは、二〇一五年一〇月から二〇一七年四月へと延期され、さらに二〇一九年一〇月へ再延期されたものの、このスケジュールは現在の所変更されていない。こうした流れを全体として見渡すと、「社会保障と税の一体改革」という政策形成は、第二次以降の安倍政権を決定的に拘束しているのである。

二　政権発足と透明性の確保

行政刷新会議の事業仕分け

民主党政権にとり、「国民が第一」「国民目線」という言葉はキャッチフレーズに使われていたが、「情報公開」は必ずしも優先的課題とは位置づけられていなかった。二〇〇九年のマニフェストを見ると、「情報公開」は、国が行う契約に際して、「随意契約、指名競争入札を実施する場合には、徹底的な情報公開を義務付ける」としている。政と官の関係の見直しについては、「政治家と官僚の接触に係わる情報公開などで透明性を確保」するとし、「税金の使い途をすべて明らかにする」という項目で「決算に関する情報公開を徹底する」としている。あくまで情報公開はツールであった。またマスコミとの関係では、政権発足当初に官僚による記者会見を禁止し、政治家が記者会見をするといった方策にあるように、対外的な情報発信もコントロールしようとしている。政権自体は必ずしも透明性の確保を前面に掲げていたわけではない。もっとも「官僚任せではなく、国民の皆さんの目線で考えていきたい」というマニフェスト冒頭の言葉は、とりようによっては決定過程の公開を示唆《しさ》しているようにも読める。それが実現したのが、政権発足直後に開催された行政刷新会議であった。鳩山政権の政権構想のうち「五策」の第五策では「国民的な観点から、行政全般を見直す『行政刷新会議』を設置し、全ての予算や制度の精査を行い、無駄や不正を排除する」とされていた。これが実現したのである。

行政刷新会議は民間人と政治家が議員となったが、この民間議員と兼任する形で事務局長にシンクタンク構想日本の加藤秀樹《かとうひでき》を迎え、次長には財務省からの出向者を据えた。ここから、構想日本が地方自治体に提案していた「事業仕分け」の手法がとられる方針が明確となった。この事業仕分けとは、公開のプロセスを経て予算項目ごとの評価を行う手法であった。行政刷新会議担当大臣の仙谷由人はインタビューで「透明性が高く国民が参画したと実感が持てる環境作りが仕事だ」と語っている。その背景には「国民が見えない秘密の約束や協定があれば、それを見てもらう作業も進めたい」という発想があった(1)。おそらくは住宅金融専門会社(住専)の破綻処理に際して、大蔵省と農水省との間で「覚書」が内密に交わされ、農林系の金融機関に優先的に債権の回収をさせるようにしていたという件が一九九六年の国会審議で明るみに出たという、過去の経緯が念頭にあったのであろう。

このように開始された事業仕分けは、手続き的には財務省による予算編成と連動した。民主党が掲げていた「無駄の撲滅」は財務省にとっても利益であった(2)。

とはいえ二〇〇九年一一月一一日に開始された事業仕分けは、月末には「立ち見」が出るほどの国民からの関心を集めた。スパコン事業を予算凍結とする判断の際に蓮舫《れんほう》参議院議員が「一番じゃなきゃダメですか?」と尋ねた発言が注目を集めた。会場からのツイッターでの中継もまた話題となった。当時の世論調査では、「ムダ削減」の評価が七六%という結果もあり(3)、この過程そのものは、やはり自民党の与党時代に蓄積された問題とは何かを知ろうとする国民の声を反映したものと言える。

藤井裕久《ひろひさ》財務相は、財務省による予算査定をインターネットで公開することを事務方に検討するよう指示した。事業仕分けを引き合いに、「行政刷新会議の仕組みを主計局も学ぶべきだ」と発言したのである(4)。このとき予算編成の透明性を進める改革も着手されており、概算要求の関係書類や予算案に盛られた事業概要がインターネットで公開されることが閣議決定された。

公文書公開

この作業と並行して行われていたのが、外務省における文書公開である。岡田克也《かつや》外相は就任と同時に、核持ち込みや沖縄返還をめぐる密約問題の調査を省内に命じた。ここでは従来日本政府が存在しないとみなしてきた四つの密約、すなわち一九六〇年の日米安全保障条約改定の際の①核持ち込みに関する密約、②朝鮮半島有事の際の戦闘作戦行動に関する密約、③一九七二年の沖縄返還に伴う有事の際の核持ち込みに関する密約、④原状回復補償費の肩代わりに関する密約についてである。これらはアメリカで公開された公文書や当事者の発言で存在することが明らかな文書であった。一一月二〇日外務省内の調査結果として、四四二三冊のファイルの中から密約の存否・内容を明らかにする三五の文書が特定された。さらに一一月二四日に設置された有識者委員会がこれを検討し、二〇一〇年三月九日に委員会の報告書が発表された。結果としては、①は「討議の記録」の英文文書の写しが発見され、②は議事録の英文の写しがやはり発見された。③は発見されず、④もまたアメリカの国立公文書館で発見された「議論の要約」は国内向けの文書であり、密約の文書を意味せず、ここでは文書の作成はないままに財政支出としての事実はあったと結論づけた(5)。

これが重要であったのは一つには公開の機運が生じたことである。③はかねてから佐藤栄作首相の「密使」であった若泉敬《わかいずみけい》が存在を指摘していたものであったが、岡田外相が調査を進めていた直中《ただなか》の一二月二二日、佐藤首相の遺族から、邸内に佐藤首相とニクソン大統領の署名のある密約本文が発見されたことが明らかにされ、佐藤首相の次男の佐藤信二《しんじ》元通産相から外務省に写しが提出された。(6) こうして大臣の文書の調査と公開に対する強い意思は、関係する文書の発見という効果をも生んだのである。

もう一つは、外交公文書公開の方針が新しく定められたことである。従来、外交文書の保存期限の最長は三〇年であり、文書ごとに定められた保存期限の終了時点で選別が行われた後、外交史料館に移管するはずであったが、三〇年を経過する文書で選別の審査が終了していない文書が大量に存在していた。密約文書に関する有識者委員会はこのルールを遵守するよう求めた。これを受けて、岡田外相は、外交文書を三〇年で原則として自動公開する内容の訓令「外交記録公開に関する規則」を発した。さらに、未公開文書の整理のために外交記録公開推進委員会を設置し、政務三役と外務官僚に有識者が加わり、未公開の外交記録の審査について優先順位や作業日程を決定している。これは現在まで継続的に開催されており、民主党政権での改革が政権交代後も定着した例の一つである。

また一一月には、官房機密費について部分的に公開された。鳩山政権発足当初、平野博《ひろ》文《ふみ》官房長官はこの機密費の存在を認めず、一一月になってようやく記者会見で認めた。そして二〇日に二〇〇四〜〇九年度の官房機密費の支出記録を初めて公表した。あわせて政権交代直前に麻生政権は一ヵ月に二・五億円と他の月に比べて突出した支出を行っていたことも明らかにしたのである。後になって、民主党政権は機密費の公開方針について共産党の塩川鉄也議員から質問主意書で質《ただ》された。その結果、二〇一二年一一月に野田政権は二〇〇九年の民主党政権発足後一一月までに三五億二〇〇〇万円の機密費を支出したという答弁書をまとめた。第二次安倍政権も、二〇一三年一月に民主党政権で総額三七億二〇〇〇万円の機密費の支出があったという答弁書をまとめた。

こうした情報公開の流れは、自民党が野党に転落したことによって、初めて政権内部の意思決定の一端を明らかにしたものである。この流れは一時的に停滞させることはできても、もはや止められず、秘匿《ひとく》したまま済ませることはできなくなりつつある。その意味で、民主党政権下で、情報公開が積極的に進められたことの意義は極めて大きい。

もちろん、その反面、政権に対して不満を抱く部内からの情報流出も起こった。その典型が二〇一〇年九月に尖閣《せんかく》諸島沖で海上警護中の海上保安庁の巡視船と中国漁船とが衝突した事件について、一一月にその際の動画がインターネット上に流出したことである。違法操業を発見された漁船が退去を命じられても従わず、日本の巡視船に衝突したため、船長を逮捕・連行し漁船も石垣島に回航したところ、中国側の抗議を受けた。政権は漁船を返還した上、船長を処分保留のまま釈放したところ、これに憤りを感じた保安庁職員が、庁内のサーバー上の動画の一部を流出させたのである。衝突事件の際に海上保安庁がビデオを撮影していたことが明らかになり、野党自民党は公開を求めていたが、民主党政権はこれを拒否しており、その中でのリークであった。こうしたリークはその後あからさまにはならなかったが、二〇一七年安倍政権下の加計学園問題以後、頻発することとなる。

公文書管理法と政務三役会議の議事録問題

二〇〇九年に麻生政権時代に制定された公文書管理法は、二〇一一年四月に施行された。施行に先立って、民主党政権の枝野《えだの》幸男《ゆきお》行政刷新担当相は、二〇一〇年四月に、内閣府の政務三役会議の議事録を公開する方針を定め、各省に呼びかけた。その上で法施行後最初に問題となったのは、東日本大震災への対応に関する諸会議の議事録が作成されていなかったことであった。原発事故への対応の実態が不明であったことから、この件は世論の強い非難を浴びた。過去の非常災害対策本部は議事録を作成していなかったという経緯もあったが、この問題は法施行に伴い設置された公文書管理委員会の調査事項となった。関係者へのヒアリングを経て、公文書管理委員会は二〇一二年四月に「東日本大震災に対応するために設置された会議等の議事内容の記録の未作成事案についての原因分析及び改善策」をとりまとめ、「歴史的緊急事態に対する会議については、意思決定型の会議の場合は議事録を含めて関係文書を作成・保存する必要があることを提言し、これは行政文書の管理に関するガイドラインの改正に結実した。委員会は、政府の会議での議事録作成をはじめとする文書の作成・保存についての検討に入り、七月には閣議、閣僚会議の議事概要・議事録の作成と公開のルールの制度化を提案したのである。これを受けたのは、公文書管理担当大臣の岡田であり、政府内に閣議議事録等作成・公開制度検討チームを設けて検討を進めた。一〇月に野田政権は、政務三役会議の議事録には一般的には作成義務がないと閣議決定したものの、他方で閣議議事録の公開を原則とすることを決定した。翌年に法案化する予定ではあったが、一二月の衆議院総選挙で民主党が惨敗したために、この課題は第二次安倍政権に継承された。そして二〇一四年四月より閣議議事録の公開が開始された。これも民主党政権が作り出した公開方針の流れを現政権が受け継いだ例といえる。

こうして二〇〇九年に自民党の長期政権に終止符を打った政権交代は、政権内の情報について開示を強める方向を決定づけた。それは、民主党政権発足時に政権が進めた最大の転換である。また、民主党政権自らが政府部外から厳しい公開要求を突きつけられる事態を生み出すものでもあった。以後、情報公開は政府文書の扱いの基調となる。その典型が、官房機密費である。第二次以降の安倍政権は、民主党政権時代の機密費の総額を公開した後、自身の内閣については公開しない方針をとったが、これには、各地で訴訟が提起された。二〇一八年一月に最高裁判所は、支払い相手が特定されない一部文書について開示を命じる判決を下した。民主党政権の引き起こした変化が裁判所の判決に表れたのである。こうして情報公開が基本前提となり、これに政権が消極的な場合は、リークという対抗手段が官僚制内から発動され、市民からは訴訟が提起されるという構図が定着しつつあるのである。

三　一〇〇日プランと政治主導

政権獲得のスケジュール

民主党は二〇〇三年に菅直人代表の下で初めてマニフェストを作成した。そこでは「政権の樹立と新政府展開」と題して、政権獲得後「四つのステージ」という段階ごとに「時限を区切って改革を断行」するというイメージが提示されていた。さらに、これは二〇〇五年に岡田克也代表のもとで「五〇〇日プラン」へと修正されている。両者は共通して、首相のリーダーシップのもと、政治主導で政策決定を進めるために、政権獲得後三〇日目までにマニフェストの重要政策を確認した上で、新内閣を始動させ、「一〇〇日改革プラン」を決定する。そして、一〇〇日目までに既存の政策を点検しつつ、所信表明演説と予算編成とを行う。その次のステージでは、三〇〇日目を目処《めど》に重点改革を実行しつつ、中長期的な改革を進めるものとしている。改革案の方向性は、ともに財政面での無駄の排除と予算編成過程の透明化、各省幹部人事については政権に協力的な官僚のみ任命し、外部人材の登用を図る。省庁の柔軟な編成のために、その編成権を法律事項から外す法改正を準備することもあわせて強調されている。

だが違いも見逃せない。二〇〇三年マニフェストでは、「政権運営基本方針の策定」、「事務次官会議の廃止と副大臣会議の創設」という後に民主党政権が実施する方向性が示されており、「主要閣僚（副大臣・政務官及び各省中核政策スタッフ）の『官邸』常駐化」という提案もある。他方、これらのうち後二者は岡田代表下の「五〇〇日プラン」では言及されていない。また、二〇〇三年マニフェストでは、政権獲得後五日間は、首相・官房長官（党政策調査会長）、官房副長官、主要閣僚などの予定者を中心に「事実上の官邸・内閣チーム」が、方針の策定を進め、三〇日以内に全閣僚・副大臣予定者を決定するとしている。だが、二〇〇五年の「五〇〇日プラン」では、事実上の官邸・内閣チームに当たる「政権移行委員会」による方針の確定とともに、三〇日経過までに「党・国会・省庁の政治任用ポストの人事を内定します」とはしながら、「内定した大臣候補者以外の組閣は必ずしも急がず」として、閣僚人事はより慎重に行うものとしている。他方で、ここでは具体的に政権を獲得したときのスケジュールとして、「今秋の政権獲得後、およそ五〇〇日の時点で〇七年四月の統一地方選挙、六〇〇日で参議院選挙を迎えます」として、「五〇〇日改革プラン」が必要であるとする。「民主党政権が実現しても、参議院は少数与党のままなので抜本的改革案の中には参議院で可決をみることが困難なものも存在すると思われます」という状況判断がある。

こうしてみると、代表と時期とによって、政権獲得後のプランは強調点に違いがあった。この上で、二〇〇九年の鳩山政権成立に際して、まずマニフェストは「五原則」・「五策」と題する政治主導の基本的方向性を示した。政務三役を中心とする政治主導での政策決定、閣僚委員会の活用、官邸機能の強化、各省幹部人事の制度改革、省庁編成の機動的決定など、概ね二〇〇三年のマニフェストに沿った方針が打ち出されている。また重点的な政策については、「マニフェストの工程表」を発表し、二〇一〇年度から二〇一三年度まで毎年度何を実施するのか、まとめている。これまでのプランをほぼすべて吸収するとともに、小泉政権の竹中経済財政政策担当相が進めた改革ツールとしての工程表もまた取り入れられたのである。

事実、八月三〇日の衆議院選挙勝利後、九月一六日の特別国会で鳩山代表が首相に指名されると、鳩山首相は、『基本方針』『政・官の在り方』と題する文書によって、政治主導の体制構築に向けた具体的方策を発表した。そして翌一七日には組閣を終え、一八日までに副大臣・大臣政務官を決定した。二週間ほどで内閣の人事を固め、官僚についても政権への忠誠を引き出すことで、留任のままマニフェストの重点項目の実施に向けて動き出したのである。そこでは「政権移行委員会」は作られなかったし、この二週間でさえも「『政治空白』が対応の遅れを招く可能性は否定できない」とメディアから批判された[7]。つまり、かつての想定よりも早期に閣僚を中心とする政務三役人事をまとめたのである。二〇〇五年のように三〇日以上も時間をかけて人事を進めるのは、もはや現実的ではなかった。

政務三役会議と官僚の役割

「各府省に大臣、副大臣、大臣政務官を中心にした『政務三役会議』を設置し、常に国民の視点で政策の立案や調整を行います」と『基本方針』は掲げた。政と官の分業を明確にし、「政策の立案・調整・決定は『政』が責任をもって行い」、「官」は、「政策の立案・調整・決定を補佐する」(『政・官の在り方』)というのである。この分業による協力はどのように作動することが予定されていたのであろうか。

民主党政権は、『基本方針』にあるとおり、当初から官僚に忠誠を求めつつも、「官僚たたき」の政治からは脱却しようとしていた。(8) とはいえ、政務三役による「立案・調整・決定」は何をしようとしていたかと言えば、マニフェストに記載された事項についてであった。従来の官僚制の政策の方向性と大きく異なるものが多いため、これを統制しつつ、新しい政策を立案するための態勢が政務三役会議だったのである。

そして、民主党は、マニフェストについては相当程度項目を絞り込んでいた。これについて、二〇〇九年、二〇一二年の二度の政権交代を通じて、いかなる政策が準備されたのか。自民党と民主党の公約集の項目数を比較してみる。自民党については『自民党政策BANK』(二〇〇九)、『自民党政策集J―ファイル』(二〇一二)であり、民主党については、『Manifesto』(二〇〇九、二〇一二)、『民主党政策集INDEX二〇〇九』(二〇〇九)、『民主党政策集』(二〇一三)である。

まず、マニフェスト上の項目の総数は次ページ図4の変化で表せる。

二〇〇九年と比べて、二〇一二年の民主党は、「公約違反」の責任を厳しく問われたため項目数を絞っている。二〇〇九年ににわか作りと判断せざるを得ない冊子『政策BANK』で一一三項目しか挙げられなかった自民党は、二〇一二年には三二八項目まで具体化した項目を詳細に掲げた。もっとも、自民党は比較的大きなカテゴリーで項目としている

図4　マニフェスト項目数の変化

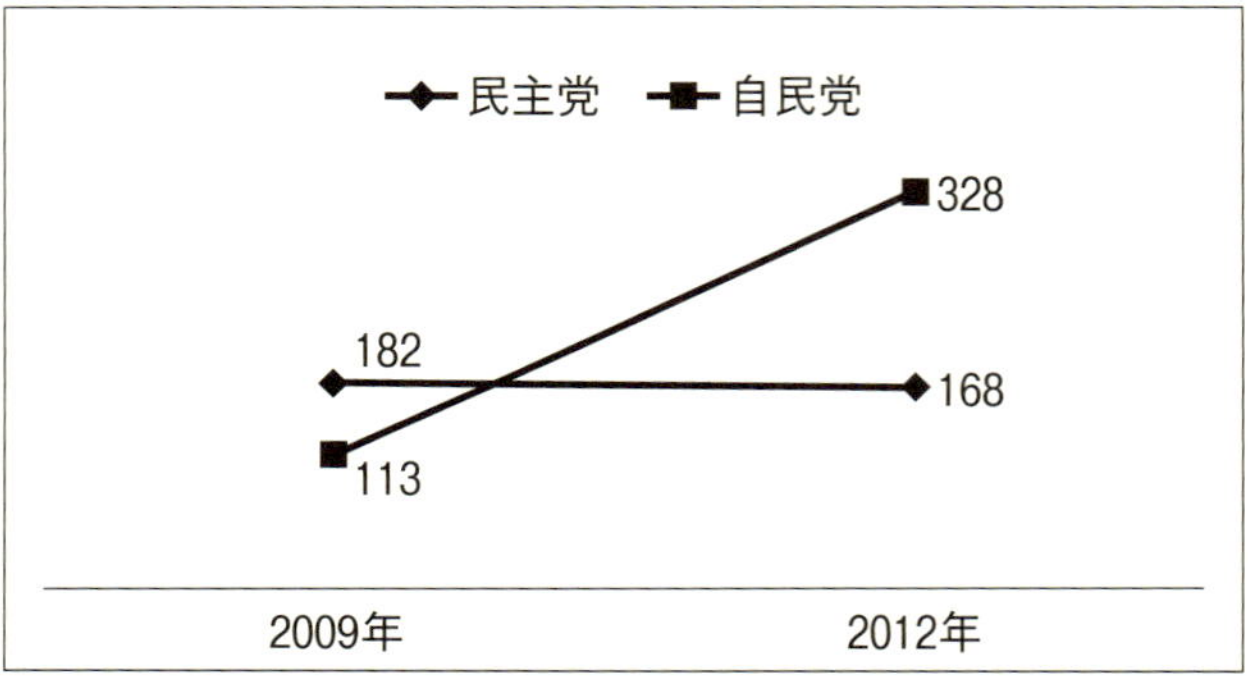

上、民主党のマニフェストより項目として磨かれていない。

民主党はマニフェストとは別に『民主党政策集』を用意している。そこでは、項目数は二〇〇九年の衆院選では三五〇、二〇一三年の参院選前では四〇六となっている。つまり、項目数全体では三〇〇を超える項目を民主党は二〇〇九年、二〇一二年と用意していたが、そのうち一六〇〜一八〇項目に絞り込んでマニフェストに掲載している。

こうした多数の項目の中から絞り込んだ項目を掲げ、優先順位に差をつけた以上、その実現は政務三役には必須の課題となる。当初からこれに集中することが予想されていたのである。

しかし、政務三役は、新規の政策形成にのみ集中していれば足りるわけではない。状況の変化に応じて、マニフェストには記載のない事態に対応する必要も出てくる。マニフェストは選挙の勝利による国民の負託《ふたく》を受けて政務三役から官僚へと指示することを想定している。だが、環境の変化を先ず受けるのは行政の現場であり、官僚の領分で変化とニーズを感知する。それが政務三役に上がってくる。その場合、情報については完全に官僚がコントロールしている状況のもとで政務三役は官僚たちと議論を重ねて判断を下す必要がある。

突発的な危機への対応は想定外の「政治主導」

この二〇〇九年まで、マニフェストによる政治主導の体制作りでは、こうした事態はほとんどといってよいほど想定されていない。選挙対策の文書に不測の事態を記載するのは不要であるという見方もあろうが、民主党政権はもちろんのこと、第二次以降の安倍政権ですら、当初からそうした事態に十分対応できていたとは言えない。そこへ政権交代後の民主党政権を直撃したのが、東日本大震災であり、福島第一原子力発電所の事故であった。マニフェストには、危機管理における政務三役の役割は想定されておらず、まして未《み》曾有《ぞう》の自然災害にはなすすべもなかった。地震と津波への対応で精一杯のところに、原子力発電所のメルトダウンが、日本の危機そのものになった。現場の最前線であった東京電力の本社は狂乱状態であった。その瞬間政治主導は崩壊せざるを得なかったのである。

民主党政権の政務三役に大臣経験がほとんどなく、混乱を重ねたのは、憲政史上初めての画期である政権交代であった以上、やむを得ない。こうした経験を重ねれば、いくらかでも未経験からの混乱を減じることはできるだろう。だが、政権交代のよりどころであったマニフェストに危機管理を入れ込む発想がなかったことは、やはり致命的であった。

だが、もしあらかじめ危機管理を想定していれば、民主党政権は、震災などの突発的事態に対応できたであろうか。こうした例外的な状況への対応で本来必要なのは、政務三役の役割と並行した官僚の役割を詳細に想定することである。それがなされていなかったことは、「政策の基礎データや情報の提供、複数の選択肢の提示等、政策の立案・調整・決定を補佐する」とは何を指すかが明確でないことからもうかがえる。

民主党のマニフェストは、政治家がどう動かなければならないかは、二〇〇三年の段階から書き込んでいた。その点では、一応のシミュレーションは想定されていた。ところが、ここに欠けていたのは、初めての政権交代後、独自の方式で振る舞おうとする政務三役に対して、官僚がどう補佐するかである。政からの接触について大臣に報告することや、処理経過を文書化して保存するなどは規定されている。

とはいえ、本来必要な政策決定において、官僚から大臣など政務三役に「情報の提供」「複数の選択肢の提示」ですむはずはない。密接な情報交換やその後の経過について十分な意思疎通がなければならない。

あるいはこうした官僚から政務三役へ報告し、政務三役が決定するという制度のイメージ自体、選択肢を官僚制の中で絞り込み、政治が最終段階で決断するだけという自民党長期政権時代の意思決定の手続きにとらわれていたともいい得る。とはいいながら、『政・官の在り方』では、政務三役は国会や与党との「調整」や場合によっては民間の諸団体との「調整」すら引き受けるかのように書かれている。そうした関係者の利害を政務三役が把握するほど、意思決定に濃密に関わるのであれば、官僚制と日常的に十分な接触をする必要がある。政務三役は、官僚制と固いチームを組まなければならないはずである。

この規定だけでいきなり政務三役についていて政治家たちに「政治主導」での意思決定を求めても、官僚の報告を待ち、選択肢の中から何かを拾い上げるといった閉じた関係にとどまる可能性がある。そこで起こるのは、官僚が動かなくなることである。場合によっては合法的なサボタージュとなるであろう。そのように動かなくなった官僚制を政務三役が補えるだけの力量がなければ、深刻な機能不全に陥ることは明白なのである。

当初から民主党のマニフェストの一〇〇日プランは、やや無邪気に、政権が官僚に対する人事権を掌握して、官僚が与党に忠誠を誓えば、すぐに官僚が政治家に協力すると考えていたように見える。そこでは、官僚が抵抗はしないが、能動的に動かないという最低限の協力しかしないことは想定外である。政治主導の政策決定をとった途端、こうしたサボタージュを未然に防ぎ、政と官とが協力関係を構築することはきわめて難しくなる。民主党政権の意思決定のつたなさは、この点を自覚していない点にある。

官僚の側から見た「政治主導」とは？

かくして一〇〇日プランの致命的な問題は、政治家の役割から政策決定を描くにとどまり、官僚の側から描いていないことである。政と官とが、初めての本格的な政権交代後に、政治主導のもとで協力関係に立つためには、官僚制の側から見た作動についても詳細に書くべきであった。それによって、具体的な局面で政治は何を行い、これに官僚制がどう協力するかが明らかになったであろう。そこまでの作動状況についての想像をできないまま、政権が発足すれば、混乱は明らかであった。前節で述べたように、当初は前政権までの長い政と官のルールを変更するために、作動を停止することで済んだ。だが、そこから新しく意思決定を行おうとした場合、概ね対応できたのは、大臣経験がある政治家や、官僚としての経験を積んだ大臣となるのはほぼ明らかであった。

二〇一八年六月二二日、国会審議での公文書管理が下火となる中、ニセコ町長出身で民主党政権では総務大臣政務官を務めた立憲民主党議員の逢坂誠二《おおさかせいじ》は、ＳＮＳ（ソーシャルネットワーキングサービス）のツイッターでこう記している。

日本の公文書管理では廃棄や保管の論点は多いが、記録という概念が大きく抜け落ちている。公的機関の諸活動を、誰が、どの時点で、どの程度の範囲で、どのような手法で記録するか、こうした記録について十分に議論しなければ、適切な公文書は作成できない。新公文書管理法ではこの点にも力をいれたい。

こうした細かい官僚の作動について思考が及ぶようになってきたのは、政権から追われて五年半以上経過してからである。ここに民主党政権とその後身政党の根本的な課題が横たわっているのである。

民主党政権の欠陥を克服するため、第二次以降の安倍政権は、民主党政権以前の「官僚主導」に戻した。政務三役が省を主導する仕組みは取らなかった。中核的な省には経験豊富な政治家を大臣に据えた。政策能力が高いとは言えない大臣を党内事情で任命したその他の省については、官邸に集結した政治家と官僚とが、各省の官僚を必要に応じて指揮することで進めたのである。それが、政権交代後に無理なく官邸の方針を政権全体の方針としつつ、政府を作動させるもっとも簡便なやり方であった。とはいえそのままで五年以上も政権が続くと、政策が失敗した場合、責任の所在が不明確となる。本来は、官邸にすべての責任があるはずだが、政権を保つには、官邸は責任を背負いきれず、官邸も各省も責任を取らないという事態が生じ始めたのである。

自民党長期政権時代に、官僚の生態を記した『お役人操縦法』という本では、大臣であれ、局長であれ、担当の課長補佐であれ「拒否権」があるという説明をとった[(9)]。

役所のなかでは、上意下達ではなく、下意上達が原則なのだ。下の意見が徐々に上がって、どこでも否定されないものだけが最後に残るというしくみを原則としている。この間、すべての人びとがみな拒否権をもっているのだ。係長も課長補佐も課長も局長も、そして大臣も同じ強さの拒否権をもっている。

だが彼らのだれ一人として、一人の力で物事を推進し完成する権力はないのである。これが役所の機構の独得なところなのだ。……（中略）……

もっともこれらの拒否権は、いずれも完全なものではない。いかに担当の事項だからといって、一人の係長、一人の課長補佐だけが絶対反対を唱えて、つぶすということはむずかしい。だがこの点は大臣とて同じことであって、事務当局がこぞって推進していることを、大臣一人が反対して完全につぶすというわけにはいかない。

やや誇張があるが、大臣も局長以下の官僚もほぼ同等の「拒否権」を持つというのが、当時の政と官の関係を象徴的に示すものである。

だが政治主導が日常的となると、指揮命令にふさわしい政治家でなければ、官僚制はそのまま従うわけではなく、「面従腹背《めんじゅうふくはい》」という手段に打って出る。機会を見つけて正そうとしたと公言したのが、政権と対立して文部科学省の事務次官を辞職した前川喜平《まえかわきへい》であった。(10) 官僚主導ならば、官僚制内で生じたサボタージュは、官僚制内の指揮命令関係で上司から正される形で処理される。政治主導の場合、大臣はサボタージュに気付かない可能性もあり、そこでは適切な運営をしないと、裏側から官僚制の抵抗にあうのである。

四　省庁編成と各省をめぐる政官関係

「省間バランス」の打破の果てに

民主党の政権獲得後のプランでは、省庁の編成を、国会が決定する法律事項とはせず、首相が決定できるようにするという項目があった。政権の政策の重点に応じて、重要となる省庁にマンパワーなどを集中させるよう、省庁編成を素早く変更することが目指された。これは、省庁再編時に強調された「省間バランス」を打破する方針である。実際には、政権獲得の翌年の参議院選挙で民主党は敗北し、与党で過半数議席を失ったため、これは果たせなかった。とはいえ、政務三役による政治主導が混乱する中で、さらに組織の再編を行えば、混乱は一層深まった可能性は高い。現実には切れ目のない行政活動が必要であることを考えると、省庁の再編はかなり困難である。可能なのは、重点的な省の局・課と定員を増やし、総定員を増やさないとすれば、重要性の低い省の定員を減らすことである。もっとも後者は、政権交代のもとでは懲罰的な意味を持つために、そうした省での官僚からの積極的な貢献を期待できなくなる可能性もはらむのである。

その上で、各省と民主党政権との関係を、前章までの説明に沿って、もう一度見渡してみたい。それは、古典的五省の領域と、経産省、内閣法制局、独立機関である。

財務省

民主党政権がもっとも依拠したのは財務省である。それは必ずしも蜜月状態であったわけではないが、財務省の専門知識を活用したのは、菅直人、野田佳彦という二人が財務大臣経験者から首相となった点からも明らかである。そもそも総選挙の勝利後、民主党が内閣成立前から、非公式の交渉を開始したのは、財務省と外務省であった(11)。予算編成作業が目前に迫り、外交については野党である以上経験がきわめて不足していたからである。

政権が経済財政諮問会議の議員を任命せず、事実上これを廃止したことで、財務省を牽制する組織が不在であった。片や財務省は、事業仕分けで協力関係に立ち、二〇一〇年度予算がマニフェストを達成するために圧倒的に歳入が不足する中で、小沢一郎幹事長の裁断で編成をするという調整過程でも一定の役割を演じた。菅首相が財政危機を強く意識すると、これとともに消費税率引き上げを推進する方向で協力し、野田政権での「社会保障と税の一体改革」によって、悲願であった消費税率引き上げ方針を決定したのである。

総じて政権が全体として財務省と協力したわけではなく、鳩山政権の初期の菅国家戦略担当相は相当程度財務省に対して警戒的であった。むしろ、小泉政権時代の官邸主導を否定し、これに代わるはずの「政治主導」の仕組みが機能しない中で、伝統的に中央省庁に対して予算による統制力を保っていた財務省と協力することに立ち至ったといえる。これには後述するように内閣官房副長官が、かつてほど強い影響力を持ち得なかったことも一因となっている。

民主党政権後半の最大の財政政策の課題は、消費税率引き上げであった。菅首相が、財務相時代にG７に出席したことをきっかけに財政破綻の危機を意識し、自民党を離党し、たちあがれ日本に所属していた与謝野馨を引きぬいて経済財政政策担当大臣に任命すると、福田政権以降の政策課題が民主党政権に受け継がれた。さらに続く野田首相は、代表選で財政再建を公約にして勝利したため、一層これに邁進した。こうして財務省と最後には協力するという方向が二代の内閣に明確に継承されたのである。

内務省系の省

民主党政権は、事務次官等会議を廃止するというマニフェストをその通りに実行し、これを廃止した。その結果、官僚制内で事務次官のネットワークによる調整が機能しなかった。ただし、官房副長官には、事務次官経験者から旧自治省系の瀧野《たきの》欣彌《きんや》を、野田政権はその後任に旧建設省系の竹歳誠《たけとしまこと》を起用して、ネットワークそのものを破壊することはなかった。このように、民主党政権は、第一次、第二次以降の安倍政権と比べると、政治主導は唱えたものの、人事を大幅に変更するということは結果として取らなかった。制度変更によって、政治主導を実現しようという傾向が強かったのである。

こうして内政面では、各省の政策形成に委ね、それも政務三役のチームによる対応に一任しているところに起こったのが、東日本大震災である。内政面での調整が多岐にわたって必要となるに及んで、かねてより事務次官等会議廃止論を唱えていた菅首相も方針を転換せざるを得なかった。まず被災者生活支援各府省連絡会議、次いで東日本大震災各府省連絡会議、さらには震災に限らず一般事項を扱う各府省連絡会議へと拡充した。いずれも閣議事項を事前に承認するという手続きを取らなかったが、必要な範囲での調整の場を設定したのである。

なお、厚生労働省関係では子ども手当の導入、国土交通省関係では、「コンクリートから人へ」の政策志向による公共事業の削減や、高速道路無料化の実証実験など、内務省系の省の所管こそ、もっとも民主党政権が進めようとした政策転換の領域であった。いずれも迷走を極めた。他方、総務省については、総務大臣に元鳥取県知事で慶応大学教授の片山善博《よしひろ》を抜擢したことによって、官僚制との間での融和が図られた。片山総務相のもとで、一度は停止させられていた地方制度調査会が再始動し、それは地方自治法の改正へと結実した。これもまた民主党政権による成功した制度の再作動である。

経済産業省

第二次安倍政権から振り返ると、民主党政権は経済産業省に対して冷淡であり、その反動で経産省の官僚集団が安倍政権を支えているという指摘がしばしばなされる。確かに、経済政策の準備に乏しく、労働問題と環境問題への配慮が強い民主党政権は、経産省ひいては経済界との連携が難しかった。しかし、経産省の業務そのものというよりは、従来の経産省が特徴とする所掌を越えて政治化しようとする動きが、民主党の考える政治主導とは相容れない。経産省にアイディアの政治を牽引させなかったことが、民主党政権の経産省に対する基本姿勢であった。

民主党政権と経産省との関係は、東日本大震災時の原発事故によってさらに複雑化する。東京電力による賠償スキーム問題・原発ゼロ政策では両者の見解の相違は際立ったが、電力自由化については、経産省の電力業界に対するコントロールを強める機会でもあり、比較的同調する関係となった。もっとも大きな対立点の一つが、原子力安全・保安院の改組である。ここでは、経産省からの分離を構想した民主党とは別に、国会事故調査委員会の設立に尽力した自民党の塩崎恭久《やすひさ》衆議院議員が積極的に、経産省からの独立を唱えた。結果として、環境省の外局として設置された原子力規制委員会には、事務局に環境省とも独立した原子力規制庁を置き、規制庁の職員には出向元に戻らないという「ノーリターン・ルール」が適用された。原子力規制委員会は、原発再稼働を進めようとする第二次以降の安倍政権に対して、専門的見地から厳格な規制基準をまとめ、再稼働を求める事業者に徹底的な対応を要求した(12)。民主党政権時代に設置された組織の中では、有効に作動するものとなったのである。

外務省・法務省・防衛省

それでは、自民党長期政権時代には、自己抑制者として振る舞った外務省・法務省・防衛省についてはどうだったのであろうか。

まず外務省については、前述のように、岡田外相は以前とは異なる独自の方針として、密約の調査と外交文書の公開原則を確認した。後任の外相、前原誠司《せいじ》、松本剛明《たけあき》、玄葉光《げんばこう》一郎《いちろう》は手堅い手腕を発揮した。とはいえ、一貫して成功とは言い難かったのが、首脳外交である、鳩山首相の沖縄米軍普天間《ふてんま》基地の「最低でも県外」移設方針への固執《こしつ》は、沖縄の基地問題を再燃させ、アメリカからの信頼を失墜させた。また、尖閣諸島の東京都の購入に対抗してこれを国有化したことで、対中関係が決定的に悪化した。ほぼ野党経験しかない民主党政権にとり、外交が大きな課題であることを国民に印象づけたのである。

次に法務省である。政権発足前に代表であった小沢一郎の政治資金問題を取り上げて、代表から追い落としたものとして、政権は法務省とりわけ検察庁を敵視した。鳩山首相は、小沢を激励して「検察と戦ってほしい」と発言し、歴代の法務大臣は、指揮権発動の可能性を否定しなかった。またマニフェストに掲げた捜査の可視化としてのビデオ撮影問題、さらには死刑廃止について各々有識者会議を設置し、法務省に圧力をかけ続けた。特に二〇一〇年九月に大阪地検特捜部主任刑事証拠改竄事件が明らかになると、柳田稔《みのる》法相は座長と一四名の委員からなる「検察の在り方検討会議」を設置した。検討会議は、検察の信頼回復策のみならず、捜査の全面的可視化を求めたのである。[13]もっともこうした民主党内の検察改革の試みは、野田首相からは冷淡に扱われたために、実現しないままに終わった。

そして防衛省である。鳩山政権の北澤俊美《としみ》防衛大臣は、「安全保障について民主党としての基本政策がない」と見ており、[14]就任直後、防衛省改革本部を設置したが、翌一〇月には中央組織改革についての概算要求を見送ることで、改革を「白紙に戻し」た。その後、福田政権で設置されていた防衛省改革会議での検討を経て進められていた防衛省改革を、民主党政権独自の検討に付すため、防衛省改革推進会議を設置し、そこでの議論の中で「防衛省改革に関する防衛大臣指示」（検討の柱）を策定した。

福田・麻生政権の改革の結果、民主党政権発足直前に、防衛会議の法律上の設置、防衛参事官廃止などの改革が完了していた。ここで目指された文官と武官が対等に大臣を補佐する体制作りを、より積極的に進めることが打ち出されたが、結果は前政権の改革路線の維持で終わった。そして、普天間基地移転問題での迷走によって、省内には政権への不満が募った。北澤防衛相は、政治主導について柔軟な方針をとり、政務三役と省内の文官と武官との融和を図るなどの措置をとったが、自衛隊の現場では政権への不信感が残った。

二〇一〇年には入間《いるま》基地での航空祭で自衛隊協力団体の代表が「一刻も早く菅政権を打倒して自民党政権にしなければならない」と挨拶で述べるといった事態が問題視されるなど、不安定な関係が続いた。さらに、野田政権では防衛大臣を北澤俊美に代えて一川保夫《いちかわやすお》、田中直紀《なおき》と防衛政策の専門知識が少ない大臣を次々に任命し、いずれも国会で問責決議が可決される事態となった。民間から防衛政策の専門家として森本敏《さとし》が大臣に抜擢されると、ようやく省務の安定的な運営が可能となった。

内閣法制局

民主党政権は、政治主導の方針と国会審議で官僚の答弁を原則的に禁止すべきと考える小沢幹事長の方針で、国会法の改正案を作成した。そこでは、内閣法制局長官を政府特別補佐人から排除することが規定されていた。もっともこの案は国会を通過することはなかったが、その方針は民主党政権では以後も貫かれた。鳩山政権の官房長官であった平野博文は政府の憲法解釈は内閣法制局長官の過去の答弁にしばられず、「政治主導だから、政治判断で解釈していく」とも述べていた。また二〇一〇年一月に国会が開会する前に、政権は内閣法制局長官を交代させた。異例の交代のタイミングであった。

その上で、政権は法律の解釈について答弁担当大臣を設けた。この担当大臣には、枝野幸男、仙谷由人、平岡秀夫という法曹資格のある議員が就任し、一応の専門知識を備えた政治家を抜擢した。内閣法制局長官は、政府参考人となり、答弁担当大臣の答弁を補足するという位置づけで国会審議に臨んだのである。

もっとも、答弁担当大臣は内閣法制局と打ち合わせの上審議に臨んでいたが、野党の自民党・公明党は法制局長官の出席と答弁を求めた。そして、答弁担当大臣を兼任していた菅政権の官房長官仙谷由人が、参議院予算委員会で自衛隊について「暴力装置でもある自衛隊」と発言し、国会審議を紛糾させるという一件が起こった。仙谷は参議院で問責決議を可決され、退任を余儀なくされた。そうした経緯を経て、野田政権は法制局長官の答弁を復活させる方針を決定したのである[15]。

こうしてみると、第二次以降の安倍政権が、法制局長官人事について、外務省から小松一郎をあてた点も、民主党政権の長官交代に端を発した人事とも言えるし、それを通じて内閣法制局を統制したのも、平野官房長官の発言の気分をより徹底化したものと位置づけることもできる。政権交代によって、内閣法制局は与野党の調停者という役割を失い、与党の補佐者へと変質し始めたのである。

独立機関

民主党政権は、地方自治体については「地域主権改革」と銘打って、国に対抗する地方自治体に「主権」と表現されるほどの権限を付与しようとした。しかし、民主党政権に批判的な大阪府知事・市長を歴任した橋下徹《はしもととおる》や、議会を無視して専決処分を繰り返した鹿児島県阿久根《あくね》市長の竹原信一《たけはらしんいち》のような首長への対応に苦慮した。

また裁判所についても、紛争解決を司法に委ねる傾向の改革を目指した。独占禁止法改正案を国会に提出し、公正取引委員会の準司法的手続きとしての審判制度を廃止し、行政処分の妥当性は裁判所に委ねようとしたのも、司法を尊重する姿勢の一例である。もっともこの改正案は国会を通過せず、第二次安倍政権がこれを制度化したのである。

だが、それ以外の行政部内にある独立性のある機関については、内閣法制局に見られるように、権限の縮小を図り、第二次以降の安倍政権にも課題として継承された。

公務員制度改革では、福田政権で民主党も修正協議に参画して国家公務員制度改革基本法が成立した。ここでは事務次官・局長など府省幹部について内閣人事局が一元管理する方向へ改革することが規定されている。また政官接触についての記録の管理・情報公開のための必要な措置の導入、労働基本権の付与といった民主党の主張に沿った規定も設けられた。二〇〇九年の民主党のマニフェストはこれらを項目として盛り込んでいる。民主党政権は、検討を重ねた結果、内閣人事局の設置を中心に二〇一〇年二月に国家公務員法改正案を国会に提出したが、決定に至らなかった。こうした内閣人事局設置にしぼられた改革の方向は、第二次以降の安倍政権にも継承された。公務員制度改革については、発足後有識者を部分的に取り込んだ「今後の公務員制度改革の在り方に関する意見交換会」での検討を経て、二〇一三年六月に「今後の公務員制度改革について」を発表した。そこでは、幹部人事の一元管理と内閣人事局の設置にほぼ絞った方向性が打ち出され、二〇一四年に国家公務員法改正法を成立させたのである。もはや、政官接触について新たに規律されることもなく、民主党政権でもまとめられなかった労働基本権の付与は改革課題とはならなかったのである。

内閣人事局の設置に際して、母体となった内閣府人事局のみならず、総務省行政管理局からの組織移管があり、人事院からも職員が派遣された。民主党政権までは人事院を改革に関与させず、実質的な権限削減もありえた。人事院への圧力は続いていたのが、第二次安倍政権でひとまず沈静化したのである。

こうした改革の例外が、前述の原子力規制委員会である。もっとも、この委員会は環境省に置かれながら、与野党議員によって国会主導で設置されていた。行政府内の独立性は必ずしも尊重しないが、三権分立と地方自治については、抑制と均衡を意識したのが民主党政権であった。

与野党協力による官僚制の改革へ

こうして財務省とは比較的協力的であり、外務省とは是々非々の関係となり、旧内務省系の省については徐々にその自律的な意思決定を認めた民主党政権は、経産省、法務省、防衛省、内閣法制局といった組織とは、冷たい関係にほぼ終始した。確かに、民間の有識者として、片山総務大臣、森本防衛大臣の任命には、それまでの政務三役と総務官僚・防衛官僚との関係を再構築するという意図があったものの、そうした人事を持続させるだけの首相と政権幹部の一貫した方針はなかった。財務省・外務省をのぞいて、民主党政権は主要な行政機関と協力関係を築けなかった。その結果が、十分な政策形成へと至らなかったことは当然である。

ただし、野党の自民党・公明党と合意が見られた改革は、その後の第二次以降の安倍政権までを見渡すと、民主党政権下での方向で改革が実現している。「社会保障と税の一体改革」、原子力規制庁の設置、内閣人事局の設置がそれに当たる。ねじれ国会の出現という状況の中で、制度改革を進めるには、与野党の合意が不可欠である。逆にいえば、そうした調整努力を重ねた改革は持続したのである。

また、有識者会議を数多く設置し、麻生政権以前とは異なり民間とりわけＮＰＯなどから若い世代を含めて広く人材を吸収した点は、以前の政権と比べると、透明性の高い政策論争となったことは指摘できる。その典型は、野田政権末期の国家戦略室フロンティア分科会であった。中長期的ビジョンを構想するこの分科会は、繁栄、幸福、叡智《えいち》、平和の四つのテーマについての部会を設置し、「日本再生」の方向を見据えようとした。もっとも、これらの結果を、政務三役を中心とする各省では法案形成に生かすことは困難であった。これに拍車をかけたのが、政府と党の一元化を掲げたマニフェストであった。自民党の政策形成ルールであった与党事前審査制を廃止した結果、政務三役や主要な党役員から漏れた議員の不満が高まった。これを背景に小沢幹事長が政権に介入し始める。こうして、主要な行政機関からも、与党民主党からも、協力を得るのが難しい政権となった。頼るのは財務省となった野田政権が、財政再建を首相の案件とするに至ったのは、自民党の政策を共有するという実現可能な選択肢を取り上げたという面がぬぐえないのである。

なお、民主党政権は正面から憲法改正をマニフェストで唱えたわけではない。だが、マニフェストは、地方自治法、国家公務員法など憲法附属法を標的にした改革を掲げており、憲法運用の転換を目指していた。その意味では、ここで意図した変化は、実質的には憲法改正に近づいていたが、あくまでも現行憲法の運用を変更することを目指すものであった。つまり、マニフェストによる大胆な政策転換を図ったが、その憲法上の限界については意識的であった。既存の組織慣行、政策形成のルールからは大きな変更であるが、憲法という枠は動かさないことが、民主党政権の目指した改革であった。

五　政策の継承と転換

二〇一二年一〇月に民主党の政策調査会は二〇〇九年のマニフェストの検証結果を分析し、対象とした一六六項目のうち、実現が五一項目、一部実施が六三項目、着手が二六項目とした。実現は全体の三割にとどまったと自ら認めたのである。(16)民主党政権崩壊後、政権の「失敗の検証」と銘打った分析書の冒頭はこう指摘している。(17)

二〇〇九年八月三〇日の総選挙で四八〇議席中三〇八を獲得し、政権を樹立した民主党は、一二年一二月一六日の総選挙でわずか五七議席に落ち込み、野党に転落した。峻厳ともいえる有権者の懲罰を受けたのである。

しかしながら、三年三ヵ月にわたる民主党政権が、少なからぬ政策上の成果をあげたことは否定できない。内政に限ってみても、診療報酬の一〇年ぶりのプラス改定による病院での医師不足の改善、公立高校の授業料無償化による中退者の減少、新しいセーフティーネットとしての求職者支援制度の創設、雇用保険の非正規労働者への適用拡大、生活保護の母子加算の復活など、多くの例を示すことができる。

総じて、民主党政権が、「コンクリートから人へ」をスローガンとして、公共事業費を削減する一方、社会保障費や文教関係費を増加させた意義は小さくない。とりわけ、チルドレン・ファーストという名の下に、妊娠・出産から大学卒業に至るまで一連の子育て支援策が拡充されたことは、それなりに評価されてもよかったはずである。

そうだとすればなおさら、なぜ民主党政権は政策面で低い評価しか得られなかったのか。

このように、ごく部分的に民主党政権が評価しうる政策転換を成し遂げたという指摘は、散見される。たとえば、雇用・福祉政策について「個人への支援は静態的な給付に偏《かたよ》り、再分配政策としては多少の改善が見られた」と位置づけて、「民主党はそれまで着目のされることのなかった児童手当・子ども手当の優先順位を引き上げ、マニフェストで約束した額の半額しか実現しなかったものの、総額では倍増という大きな政策変換を成し遂げた」、あるいは「少なくとも地方分権の領域において民主党は成果を上げた」として地域自主戦略交付金制度の創設や、国と地方の協議の場の法制化、義務付け・枠付けの見直しなどの改革が進んだことが指摘されている(18)。

筆者も参加した「二つの政権交代」研究会は、民主党政権以前・民主党政権・第二次安倍政権という局面に区分した上で、主要政策の変化を比較してみたところ、多くの政策分野で、民主党政権後にもとの政策に復帰することなく、政策の変化は定着したか、継続していったかに分かれることを導き出した(19)。つまり、政権交代は政策転換を確かに生み出していたのである。

その点で、民主党政権はマニフェストで提唱した水準を下回る成果しか出せなかったために、失敗という指摘がなされることが一般的ではあるにせよ、変化をもたらしたという意味では「成功」したとも言いうる。問題はその限界である。マニフェストの記載以上に、政策案を長期的に定着させるに至らなかったことである。これをアメリカの連邦政府の「改革」を分析したエリック・パタシュニクの研究から整理してみたい。パタシュニクによれば、改革の持続可能性を研究することで、アメリカの政策決定の基礎構造を摘出することができるとして、政策決定過程を改革案が成立する局面と、改革後にそれが作動する局面とに区分する。この第二の局面で適切に利益、制度、構想を再配置しなければ、政治的妥協や複雑な行政にさらされ、原案を持続することができないのである。そこで持続性を保つ条件は、政策変化を促進する制度という政治的構造、既存の社会構造を改変する起爆力としての創造的破壊、決定の際に作り出した変化の構造を保持する政策フィードバック効果の三つであるとする。(20)

このうち特に重要な要素が、政策フィードバック効果である。それは、関係する社会集団の協力関係の強弱、改革によって受ける利益の強弱で改革の帰趨《きすう》が規定されるとみる。民主党政権による政策変更では、この意味での政策フィードバック効果がほぼ見られない。政権交代を越えてまで政策変更が既定となるには、より長期にわたって政権を持続させ、新しい政策に関係する社会集団に対して、アイデンティティの変更を迫り、新政策に対して持続的に尽力するといった協力を確保することが必要である。これは政権発足から五年半経過した第二次以降の安倍政権にとっても、農協であれ、労働組合であれ、協力を部分的に確保してはいるものの、持続的とはいいがたい。政策フィードバック効果は、二度の政権交代を越える課題であり続けている。

六　小泉政権以後の政官関係

小泉政権から民主党政権を眺めた上で、さらに第二次以降の安倍政権を見渡すと、政官関係は、政治の側から官僚制への介入が続いたが、その様式は政権によって異なる。

まず小泉政権は、経済財政諮問会議を基礎にして、民間議員と大臣議員との闊達《かったつ》な議論の結果、各省に立案や調整を指示する形をとった。会議後すぐに議事要旨、次いで議事録を掲載する諮問会議は、透明性も高かった。自民党の「守旧派」との闘いに全力を傾けた小泉政権は、透明性の上に、国民の関心を集め、民間の有識者の専門知識と竹中経済財政担当相の制度の動きを予測する運営によって、結果として官僚制を統御し、実効的な改革を進め、与党の守旧派を打破したのである。

これに対して、第一次安倍政権は、官僚制と全面的に敵対することを辞さず、同時に多数の改革を進めようとした。決定の加速を狙い、有識者会議もさほど丁寧に開催してはいない。そこで頼るは官邸に官僚を集めることであったが、閣僚、首相補佐官、そして官邸の官僚が反目し合い、良質なチーム組織を作り上げることに失敗する。後から振り返ると「官邸官僚」の組織化に失敗し、そこからほぼ必然的に、政権チームの組織化に失敗したのである。

第一次安倍政権が一年という短期で終了したため、福田・麻生政権は、安倍政権以前に復帰することを目標とした。官邸は従来の通り、内閣官房副長官を中心に官僚制を束ね、審議会での慎重審議による政策形成を目指した。また、両政権は公文書管理法を制定した。ここに政府の透明性が一歩進む基盤が作られたのである。

そして民主党政権は、第一次安倍政権と同様、官僚制との全面的な対抗関係に入った。ここでは、官邸ではなく、各省の大臣を中心に政務三役がチームとなって、官僚制をコントロールすることが目指された。もっとも強力な手段が、透明性の進展であった。そして、以前とは全く異なる新しい方式で、マニフェストに沿った政策決定に取り組もうとした。そこでは、経済財政諮問会議など、自民党政権時代の制度化された有識者会議を停止し、独自の諮問機関を作ろうとした。だが、政務三役のチームは官僚との関係構築に苦しむものが多かった。そして、新しく有識者会議を立ち上げながら、これまでとはまったく性格の異なる手続きで新法を作成するのには、多大な困難を伴った。一部の法案の制定を除いて、混乱のまま政権は崩壊していった。

その上で第二次安倍政権は、政治主導を不可逆ととらえ、その一層の深化を目指した。事務次官等会議を復活させず、内閣人事局を制度化するなど、民主党が目指した政治主導を、既存の内閣制と省庁制に定着させたのである。これは、第一章で述べた改革の類型の内、「運用の転換」ではなく、「運用の保守」をとったことを意味している。

もっともこの政権は民主党政権とは異なり、政務三役には一切期待せず、安倍首相の信頼する一部の大臣と、官邸の政治家・官僚たちによって、官僚制へのコントロールを強めた。政務三役とりわけ副大臣・大臣政務官については、民主党政権からの「運用の転換」を図り、むしろ自民党政権時代の運用へと復帰した。官邸の官僚の組織化に成功したことにより、従来にない新しい政治主導の方法を確立した。つまり、民主党政権の運用を保守しつつ、その延長で、内閣人事局による各省幹部の人事権を徹底化することで、官僚制に対してその幹部を統制したのである。

官邸の官僚組織とともに政権が強力に掌握した政策領域は、危機管理、マクロ経済政策の「アベノミクス」、そして安全保障と外交であった。いずれも政策の成功の確保が国民から政権に期待されている領域であり、特に民主党政権も福田・麻生政権も手薄であった外交・安全保障面では、閣僚が随時会合を持つ国家安全保障会議とその事務局の国家安全保障局を内閣官房に設置し、これを十全に起動させた。この点もまたこの政権が一歩進めた制度化である。

反面、透明性は全般に低下している。それは、各種有識者会議で議事要旨は作成されても議事録が作成されなくなったことに表れている。国家戦略特別区域諮問会議は四年後に議事録を公表することと規則で定めているが、すでに四年以上経過した回の議事録は公表されていない。議事要旨に加計学園関係者の出席が記載されていないことが問題となるなど、議事要旨についても記載に疑義が生じているのである。公文書の廃棄と改竄が横行した森友・加計学園問題は、小泉政権以来進んだ透明化の流れを反転させるものであった。結果として、政権は政策決定までの多角的検討の努力を放棄した。改革を進めながらその成果を十分検証しておらず、民主党政権と同様に「政策フィードバック効果」は十分に機能していない。さらに、問題が生じたときに、政治家も官僚制も責任をとらない事態が生じている。政治主導でありながら、首相をはじめとする政治家は、官僚制に責任を転嫁する。官僚制は文書を廃棄し、知らなかったことを強弁して責任を逃れようとする。その結果、官邸の官僚チームとこれに従う各省幹部に対して、各省のノンキャリアを中心とする官僚たちが冷たい関係に立つ事態を生み出した。

こうした問題をどう制度改革で克服できるのだろうか。それを次章の課題としたい。

(1) 『朝日新聞』二〇〇九年一〇月一〇日。
(2) 手塚洋輔「事業仕分けの検証」、御厨貴編『「政治主導」の教訓』勁草書房、二〇一二年。
(3) 『朝日新聞』二〇〇九年一一月一六日。
(4) 『朝日新聞』二〇〇九年一一月一二日。
(5) 岡田克也『外交をひらく』岩波書店、二〇一四年。
(6) 『読売新聞』二〇〇九年一二月二三日、二〇一〇年一月一〇日。

(7) 『朝日新聞』二〇〇九年九月一五日。
(8) 朝日新聞政権取材センター編『民主党政権100日の真相』朝日新聞出版、二〇一〇年、二二頁。
(9) 日本の官僚研究会『お役人操縦法』日本経済新聞社、一九七一年、一四八〜一四九頁。
(10) 前川喜平『面従腹背』毎日新聞出版、二〇一八年。
(11) 『朝日新聞』二〇〇九年九月五日。
(12) 上川龍之進『電力と政治　下』勁草書房、二〇一八年。遠藤典子『原子力損害賠償制度の研究』岩波書店、二〇一三年。
(13) 青木理・辻惠・宮崎学『政権崩壊』角川書店、二〇一三年。
(14) 薬師寺克行『証言　民主党政権』講談社、二〇一二年、七七頁。
(15) 牧原出「憲法解釈の変更」、竹中治堅編『二つの政権交代』勁草書房、二〇一七年、第八章。
(16) 『朝日新聞』二〇一二年一〇月三〇日。
(17) 中北浩爾「第1章　マニフェスト」、日本再建イニシアティブ『民主党政権　失敗の検証』中公新書、二〇一三年、一一〜一二頁。
(18) 伊藤光利・宮本太郎『民主党政権の挑戦と挫折』日本経済評論社、二〇一四年、七二、八五、一一四〜一一五頁。
(19) 竹中治堅編、前掲『二つの政権交代』。
(20) Eric M. Patashnik, *Reforms at Risk: What Happens after Major Policy Changes are Enacted* (Princeton University Press, 2008).

第六章　政権交代後の官僚制を立て直すには？

一　政権交代によって選び取られた官僚制

前章まで、小泉政権以後の官邸主導、民主党政権以後の政治主導のもとで進められた改革について検討してきた。改革結果としての制度が作動するには、準備が必要であった。それは、既存の制度から「円滑に」移行するために、必要な措置をとらなければならないからである。そして、第二次以降の安倍政権が新たに直面しているのは、制度を動かしている内に、それが壊れかねないことである。政治主導が欠陥を抱えており、自ら修正することが難しくなっている。本来ならば、官邸の官僚・政治家・大臣の交代、さらには内閣の交代によって、この欠陥はある程度は正されるであろうが、安倍首相の自民党内での支持基盤が強固であり、野党が弱体である現状では、それも容易ではない。

政治主導の根底には、二〇〇九年と二〇一二年という過去二回の政権交代がある。そのとき、国民は政権を選択した。その国民が選択した政権の中で作動する官僚制もまた、国民が選択し作り上げていくはずのものである。したがって、政権交代と政治主導のもとにある官僚制に問題があるとした場合、単に政治にその改革をゆだねるだけでは不足である。国民自らが、官僚制を創成し育成していく必要がある。その一つの表れが公文書管理問題である。森友学園問題での公文書の著しい改竄が明らかになったとき、抗議デモの中から「官僚がんばれ」というプラカードが出たのは、国民による官僚制の再建が必要であることが感じられ始めたことを示している。その一例として、改竄が問題となった公文書をとりあげると、国民が作り上げた政府が作った公文書であるとすれば、国民が作り上げた公文書となる。つまり、政権交代を通じて、公文書が国民の財産であることがようやく実感され始めたのである。そうした公文書を、政権中枢を忖度して官僚が廃棄したり改竄したりしたとすれば、怒りが増すのは当然なのである。

したがって、公文書管理問題は、政権交代後に国民の目線で官僚制を造成する基軸である。公文書が保存され、公開されることを徹底すれば、政治家から法律の趣旨に沿わない不当な指示が官僚に出されることは抑制されるであろう。また官僚も、特定の政治家に便宜を図ることが難しくなる。電子化の時代において、行政内部で作成されるほぼすべての文書がデジタル情報として自動的に保存されている。政権交代が続く内に、前の政権が秘《ひ》匿《とく》しようとした文書が、どこからか発掘されるという時代は、すぐそこまで来ている。ならば、公文書の全面的な保存と適切な開示によって、政治家も官僚も国民に注視される中で、相互作用を営むという局面を目指して制度を考えるべきである。当面は、とりわけ政治の側が、そうした制度へ向かうことに躊躇《ちゅうちょ》するだろうが、これは国民が強く求める改革へと次第になっていくと思われる。公文書開示によって何が行われたかを国民が知ることは、国民が官僚制を作ることにつながるからだ。そこに崩れつつある政治を立て直すきっかけがある。

では、どうすればよいだろうか。本章では、官僚制をどう設計すべきかを考えてみたい。とはいえ、具体的な改革案を性急に提示するのではなく、まずは、現行制度で作動が混乱している制度の原則を整理する。その上で、この原則をもとに作動する基本的な仕組みについて改革の方向性を提示する。最終的な到達点は、政権交代をさらに何度か経て、長期的な構想の下で、政権を安定的に運営する段階である。短期的な将来しか見据えることができなかった民主党政権や第二次以降の安倍政権とも異なる本格政権が誕生するときに、どのような制度がありうるかを考えていくことにしたい。

二　制度の原則と改革の原則

復活すべき制度原則

これまで述べてきたような改革とその運用の蓄積が、現在生じている問題の土壌となっている。運用の蓄積のもっとも根深い問題こそ、やはり第二次以降の安倍政権が民主党政権から地続きの改革として日々継続している「政治主導」である。

まず第一には政権交代後の政権である以上、政治主導を捨てることはできない。だが、第二に政治主導が、政務三役（民主党政権）・官邸官僚（第二次以降の安倍政権）・政権幹部（両政権）によって担われるにつれ、歪みを生じさせている。それは透明性によって国民から監視される必要がある
第三に、第二次以降の安倍政権に顕著になった問題は、政権幹部が責任を引き受けないことである。失敗が直接リーダーに及ぶと政治主導が根底から崩壊するのでは、という政権内の危機感が原因である。これを取り除くには、失敗をまずは正し、当面の解決策を提示する独立機関と政権とが、問題解決を分担することである。

第四には、政権交代は、今後も年数を置いて一定の間隔で起こる可能性が高い。そうした時期に備えるために、当面はここで提案する制度の枠組みを動かしてみて、その先の長期的な課題はまた別に用意し、必要に応じて棚卸しできるようにしておくことである。

政治主導がいまだナイーブに運用されている。それを強めつつ正すための原則を確認することから始めてみたい。

第一には、政治的リーダーシップの確立である。選挙で勝利した政党が政権を組織し、選挙での公約を実行するために、官僚制を統制しつつ政策を形成する。そうした国民の負

託に応える政治的リーダーシップを確立することこそ、「政治主導」の政策形成の正当化基盤である。しばしば政権交代後の政権は、選挙での勝利という意味で高揚した政治的野心に包まれていたとしても、政権の組織化は途上であり、その制度は脆弱である。その意味で、政治的リーダーシップの確立による選挙の勝利から安定政権へと移行するまで、政党の官僚制に対する統制が強化されるのは、歓迎すべきことである。民主党政権が誕生したときに、農水省幹部と自民党農林族議員とが打ち合わせをしていたというが[(1)]、本格的な政権交代の中の一つの混乱状況ではあるとしても、新政権への移行期には政権への非協力姿勢を各省はとるべきではない。

第二には、政治責任と行政への指揮命令系統の明確化である。「政治主導」である以上、行政の不祥事に対する責任は政治の側が担う点を曖昧にすべきではない。各省の大臣以下の政務三役が、各省の官僚を掌握する態勢を構築することが必要である。官邸と各省との関係は、一義的には首相・官房長官・政務の官房副長官から大臣以下の政務三役に指示と応答が出される形を取らなければならない。これを補佐する場合も、官房長官との連絡を密にしながら、事務の官房副長官から各省事務次官・局長との調整がなされるべきである。政治責任としては、内閣官房長官が全体を把握していることが不可欠なのである。

第三には、「オール・ジャパン」の政策論争を可能な限り透明化することである。現政権で起こっている混乱、とりわけ加計学園問題で見られる混乱は、内閣府の審議官、内閣官房の首相秘書官、首相補佐官が高圧的に各省官僚に指示を与えながら、機密と文書の不存在を盾に説明を拒否し、政策の効果についての責任を各省に押しつけている点にある。二〇〇一年に行われた省庁再編では、官邸と各省との間の政策論争は、経済財政諮問会議で大臣間の公開の議論がなされる際の事前・事後の調整の中で行われた。最終的には大臣間の公開の政策論争に反映されるものとしての調整であった。ところが、現政権では各種会議の議事録が公開されなかったり、議論も官僚が作成したペーパーを大臣が読み上げるにとどまるといったように形骸化し、政策論争が行われていない。内閣の官僚と各省官僚とが多角的な検討を行ったとは言えず、結論が内閣の目指す方向でまとめられている。その結果、合理的な結論とは言いがたいものが政府の決定となっている。こうした事態を防ぐためにこそ、政策論争を透明化することが必要である。

内閣総理大臣はリーダーシップを発揮して内閣の方針を確立するとともに、各省では大臣を中心に集権がなされ、内閣との間では透明性のある政策論争がなされることが理想となる。その上で、問題があれば独立機関が監督を強化するという制度配置がとられるべきである。

改革の原則

では、作動に留意したときの改革にはどのような原則が考えられるだろうか。ここでは四つの原則を挙げておきたい。

第一には、官僚の行動を急激に刷新しないことである。従来のルーティンの枠を壊さず、徐々にそれが新しい制度へと置き換わるような展望をもった改革案が必要である。

第二に、官僚の業務量を過大にしないことである。情報化が急速に進み、かつ公務員の定数削減の中で、現場ではともすれば業務量が過大になりつつある。業務量を削減するような改革こそ、作動する改革である。

第三に、組織管理を円滑に進められる改革とすることである。官僚制内の上意下達《じょういかたつ》の命令系統は、組織としては原則であり、これを的確に維持できるような改革が望ましい。政治からの行政へのコントロールは一面では組織管理の原則に従うものであるが、他面では、不要な介入が行われることで、官僚制内の組織管理の障害となる。いかなる政治からの指示が適切かを、政治の側が周到に識別することが必要である。

第四に、同時代の社会環境に適応し、国民からの信頼に応えることである。情報公開と公文書の適切な管理による透明性の確保は、そのための重要な手段である。それはまた、政権交代が二度続いたあとだからこそ、国民が強く政権に要求するものでもある。

以上の制度の原則と改革の原則とから、以下ではありうべき改革の方向性について検討していきたい。

三　内閣官房と内閣府における機密性と公開性

内閣官房における機密性

公開性は必要であるが、反面で官僚制には、国家としての機密の保持が不可欠である。各省の組織令を見ると、大臣官房の所掌事務について第一に「機密に関すること」が規定されている。また内閣における官房としての内閣官房いわゆる官邸については、内閣法と内閣官房組織令で「機密」について、こう規定している。内閣法は、内閣総理大臣と、無任所大臣としての内閣総理大臣及び各省大臣以外の国務大臣の秘書官について、「国務大臣の命を受け、機密に関する事務をつかさどり、又は臨時に命を受け内閣官房その他関係各部局の事務を助ける」と規定している。また内閣官房組織令では、内閣総務官室の事務として、第一に「閣議事項の整理に関すること」、次いで第二に「機密に関すること」を挙げる。こうして、内閣官房のなかでも総理大臣にもっとも近い秘書官と、閣議事務を実質的に担う内閣総務官とそのスタッフに「機密」が要請《ようせい》される。内閣官房とは、その中枢に機密があるというのが、組織の本質である。

内閣総務官の上司に当たる事務の内閣官房副長官、これと並ぶ政務の内閣官房副長官、といった中枢の政治家・官僚集団については、高度な機密が求められる。文書を作成したとしても、同時代からの情報公開に応える必要性は高いとは言えず、歴史的公文書の公開という数十年先での歴史家による評価を待つべきものである。同様の機密性は、特にその事務との関係から、内閣情報調査室、国家安全保障局、内閣人事局にも要求されるであろう。

一方、これらの政治家・官僚ほど機密性が高くないのが、首相補佐官、内閣官房副長官補室である。そこには、「オール・ジャパン」の政策論争が必要となる分野もあれば、官房副長官、総務官、情報調査室、国家安全保障局と一体となって課題を処理する分野もある。前者は公開に馴染むのに対して、後者は機密の中にあるべきものである。

内閣府の公開性

内閣官房に対して、省庁再編の際に「知恵の場」と位置づけられた内閣府では、文書作成義務と公開性を強く課すという制度原則が必要である。この二つの間の仕切りが曖昧であったことが、加計学園問題の大きな原因となっている。柳瀬唯夫《ただお》首相秘書官は、愛媛県・今治市・加計学園関係者と面会したことを当初は否定したものの、愛媛県などから面会を記録した公文書が公開されるに及んで、これを認めた。だが、機密事項を扱う首相秘書官が、許認可の案件について申請者側から話を聞くこと自体が問題であり、こうした面会は本来ならば制限されるべきものであった。愛媛県・今治市・加計学園関係者が首相周辺の官僚と面会するとすれば、首相秘書官ではなく、内閣府の担当者であるべきであった。首相秘書官の側での記録保存があったにしても、その公開は制限されてしかるべきであるが、内閣府の担当者と面会した場合は、記録保存はもちろんのこと公開要請にも可能な限り従うことが望ましい。面会の有無が問題になるのは、首相秘書官が面会の相手方であったからだと言える。

こうした記録保存には二つの局面がある。第一には、官僚が政治家と接触する場合である。森友問題で明らかになったように、政治家が行政に個別に接触した場合に、接触の事実を共有することが組織として必要である以上、「公文書」という形をとらないとしても何らかの形で接触を記録した文書が、組織内に残存する。森友学園問題で廃棄されたと国会で説明された文書が、結局は組織内で発見されたことはこれを示すものである。したがって政治家と官僚との接触に関わる文書は、原則として公文書とした上で、必要に応じて公開されなければならない。官僚と接触しようとする政治家の側も、接触した事実が事後的な公開の対象となることを念頭に置くべきである。公文書管理の原則からは、秘密裏の陳情はありえないととらえなければならない。もっとも、実際には記録を残さないよう圧力をかけながら、陳情を行おうとする政治家も登場するであろう。これについては、公文書管理制度の枠組みで第三者性のある独立機関が調査・判断・勧告すべきなのである。

第二には、府省間の総合的な調整が、政策論争の中で行われる場合である。行政改革会議の事務局で省庁再編作業の一端を担った運輸省・国土交通省の官僚藤井《ふじい》直樹《なおき》は、省庁間の調整のメカニズムが作動する際の基本条件をこうまとめている。(2)

新たな省庁間調整システムは、異なる行政目的の下に大括り化された省庁間の開かれた政策論議を促し、政府全体としての政策形成を活性化し、その過程の透明化を実現することをその主要な目的のひとつとしていた。

ここから藤井は、第一に内閣の発意《はつい》による調整方式を具現化するために、各省大臣への特命事項の指示を徹底すること、第二に特命を受けた省庁の政府部内における実質的な調整力を具現化するための、内閣による支援と内閣における調整システムの充実、第三に調整に係わる透明性を向上する「インターエージェンシー」（省庁間の協議・調整の場としての会議）の活性化を提唱する。藤井の議論は、内閣による指示を強めるよりは、各省による自発的な調整システムを活性化させることに主眼がおかれているが、その後の展開はそうは作動しなかった。現時点から藤井の立論を読み直すと、第二点の内閣における調整システムを充実させ、そこでの調整事項を明確化し、透明性を増すべきこととなる。それは、内閣府における調整にこそ当てはまるのである。

内閣官房と内閣府の関係の整理が必要

こうした公開性の下に置かれた内閣府には、特命担当大臣が本来の所掌である政策統括官の組織を担当するだけではなく、特命事項について本部・事務局を設けてその担当となる場合もある。問題はこうした特命担当大臣、政策統括官、本部・事務局と内閣府事務次官・官房長官という内閣府全体を監督する幹部との関係が複雑な点にある。省庁再編前は、政策統括官の組織は、経済企画庁各局、沖縄開発庁といった独自の事務次官・官房長官をおいていたが、省庁再編後には、そうした幹部は内閣府の事務次官・官房長官に統合された。とはいえ、多岐にわたる各組織を内閣府の事務次官・官房長官が監督することはかなりの程度困難である。また、本部の業務が政権の中心的な施策となるならば、その業務も長期にわたって継続することが考えられる。本部のような一時的な組織では、適切に業務を遂行できない可能性が高い。

たとえば、地方創生については、内閣府に地方創生推進事務局がある一方で、内閣官房にまち・ひと・しごと創生本部事務局が置かれている。前者は法律・予算・制度の運用が担当であり、後者は企画・立案・総合調整を担当するという区別となっている。担当大臣は特命担当大臣と内閣官房長官とに形としてはなり、事務局も内閣府幹部と内閣官房の幹部それぞれが統制する関係となっているのである。

内閣官房に置かれた本部による行政が簡素であり、短期で業務が終了して解散する場合には、当面の問題はなかった。しかし、政権が長期化し、本部も数年を超えておかれ業務も膨大となる場合には、やはり指揮命令関係の整理と一元化は必要であろう。そして機密性と公開性との関係から見ても、本部は公開性が高く、本来は内閣府に置かれるべき組織である。

またこれまでも、一時的な組織である本部の保有する公文書が本部を改組・廃止したときに、的確に保存されていないのではないかと疑われていた。公文書管理の視点から見ても、本部における公文書の適切な保存と公開ないしは公文書館への移管の手続きは、確実に行われるべきである。

このように、内閣官房と内閣府の適切な組織の区分けが必要であり、さらには、所管分野が多様である内閣府の内部管理を整理するという問題が未解決のまま残っている。仮に内閣官房にある本部がすべて内閣府に移管されれば、事務次官と官房長だけではこれらを監督できない。内閣府のトップ・マネジメント改革という問題が登場するのである。特命担当大臣の制度までは変えずとも、特命事項と本部が増えるのであれば、内閣府全体を監督しつつ、個別の本部の問題に対応する官房長の補佐となる官房次長に類する審議官を、多数置く必要が出てくるであろう。省とは異なる内閣府独自の管理方式とそれに必要な幹部職員のあり方が一層問われるはずである。

四　省組織

省組織では、政権交代後に政治主導が必要となっている反面、大臣とこれを含む政務三役と官僚との関係が、現状では適切な指揮・命令関係のもとにあるとはいいがたい。かつての自民党長期政権時代では、事務次官を中心とする官僚制内の指揮・命令関係に大臣が多くを委ねる形をとった。民主党政権では不慣れな政務三役によるトップダウンの監督が失敗した。これに対して、第二次以降の安倍政権では、官邸から直接指示が下りる分野と、官僚主導となっている分野とに分かれている。

民主党政権が着手した全府省にわたる政治主導をとりやめる一方、官邸の政治家・官僚が主導する仕組みをとったのが現政権である。官邸に近い大臣が独自の指示を出して文部科学省を混乱させているのは、前川喜平元事務次官が強調していることである。とはいえ、政治家が特に影響力をふるわなければ、自民党長期政権時代のように、官僚主導で政策形成が「円滑」に進むことになる。

もっとも政治主導であるならば、政治家の省への監督が全府省に及ぶべきことになる。現状はそうした本来あるべき政治主導に至る過渡期である。府省を監督する能力を身につけた政治家が、政務三役に抜擢され、独自の恣意的な判断ではなく、公約やマニフェストで国民に提示した事項を法案にするよう努める一方、新たに生じた問題については官僚と協力して処理に当たるという地点にまでたどりつけるかどうかである。

第一に、官邸からの指示は、内閣府と各省との間で、しかるべき時期に文書として公開されるという、透明性の高い政策論争のもとで行われるべきである。そこでは、首相・官房長官・特命担当大臣と各省の大臣との論争があり、その下に官僚間の論争が行われなければならない。この政治家間の論争が有意義なものとなるには、政治家の専門知識が一定以上あることは何にも増して必要である。内閣官房はこうした論争に原則としては加わるべきではなく、そこで問題が生じたときに対応するプレイヤーであるべきである。

第二に、野党対策などさらなる調整について、政務三役が行うべきであるとしたのが民主党政権であったが、そうした「政治的調整」を官僚が担う状況は、当分続くであろう。政治家は、もろもろの調整を経た後の最終的な決断を的確に行うところまでを守備範囲とすべきである。最終判断に必要な情報をどこまで官僚に頼り、どこからは自分で集めるべきかは、案件の性格や政治家の経験の度合いに応じて異なる。そうした判断を政治家ができる程度の情報を官僚が与え、必要であれば政治家が「政治的調整」に当たるという地点まで到達すれば、政治家による本格的な政治主導の時代が視界に入ってくる。

その段階になって、官僚制の政治的中立を制度として整備する必要が生じる。政務三役以外の政治家との接触を厳しく制限し、政策の専門知識と組織の管理知識をもとに政治家に政策の選択肢を具申《ぐしん》するというイギリス型の公務員制の整備へと向かうことになる。そこまで一足飛びに制度を変化させることは難しい。円滑な変化を求めるのであれば、当面の目標は、政権交代を重ねつつ与野党とも過剰な政治主導から撤退し、文書管理によって記録に残ることを前提に、与党・官邸・政務三役と官僚とが協力する仕組みについて実践を繰り返さなければならない。政官関係を変化させれば、すぐさま制度が意のままに動くことはない。官僚制の末端と幹部との協力を維持しながら、それを政治という外部が全体として監督し、急速に変化する社会環境に柔軟に対応することが目指されなければならないのである。

政治改革を推進する側が期待したのは、政治家が、政権交代を通じてごく自然に与野党ともに執務に関する知識をつけて、官僚が行う「政治的調整」を担える能力を身につけることであった。

だが、旧民主党政権の閣僚経験者は引退するなどしてそうした政権担当の経験が継承されているかどうかは疑わしいし、第二次以降の安倍政権を見ても、自民党の閣僚の中でも、そうした能力が継承されているかどうか疑わしい例が散見される。政治家の役割が、政策形成よりは選挙区の支持基盤の維持に置かれる状況が続く以上、政治家を過剰に政治主導へと駆り立てるよりは、いかなる党が与党であったとしても、官僚が与党の政策を消化し、積極的に協力する環境を整備する方が現実的である。政治家がどのようにして政権担当能力を身につけるかという問題は、これからも政党と国会制度の改革の課題として残り続けるであろう。

五　独立機関と文書、会計、人事

省組織が政治主導の下、政務三役によるリーダーシップを発揮するとすれば、それが適切に運用されていることを監視するのが、独立機関である。すでにいくつもの機関が目立たない形で存在している。古典的五省の領域を中心として官僚制が中核的な省によって構成されているという本書の立場からすれば、府省の根幹をなす業務を中心に監督する独立機関を分類すれば、文書、会計、人事の三つの機能に即した監督である。根幹をなす業務への監督が適切であれば、府省はより安定する。政治主導の下で、府省が動揺する事態を避けるには、こうした監督が重要となるのである。まずはここで独立機関の標準的な型を抽出することにしたい。

文書、会計、人事とは、府省の大臣官房における「官房三課」と通称される根幹的な組織管理業務を指している。この三つの管理の作用が省を組織として成り立たせる基盤だからである。この管理の作用は府省単位で行われることが、分担管理原則から導かれる。だが、政治主導の下では、官邸の意向が政権全体に反映されがちである。内閣人事局による幹部人事が各省の中で亀裂を生んでいるのはその典型であり、財務省の公文書改竄や防衛省の日報問題についても適切な公文書管理の改善策がなされたとは言えず、そうした官邸の不適切な組織管理は、政権を支える官僚制全体の基盤を損なっている。

これについては、独立機関が強化されるべきである。文書、会計、人事について高度な専門性を持つ独立機関が政権の決定について、その専門性から評価し、改善を求める仕組みを導入する。官邸も自ら改革を行いにくい案件については、独立機関の指摘を受けて変更することで、有効な改善策をとり、過剰な非難を回避することができるであろう。政権が自ら積極的に改善しにくい問題点を、独立機関の指摘を受けて正すことは、結果的に政権を安定させるのである。

こうした改革の方向性が作動上、現在の公務員の行動を抜本的に変更させるわけではないのは、文書、会計、人事について独立機関がすでに存在しているからである。文書については公文書管理委員会、会計については会計事務全般を検査する会計検査院、人事については人事院が独立性の高い機関として制度化されている。

もちろん独立機関の強化には、与野党を超えて一致した上での法改正が必要である。また強化された機関では、その長をはじめ委員には、専門能力に加えて状況判断能力と政治センスも不可欠である。これらは政権に対して強力な勧告権限を持ち、独立性を保障されなければならない。

まず、公文書管理委員会であるが、これは内閣府に設置され、首相の諮問に答える機関でしかない。この制度配置では独自の調査と勧告ができない。政権の意向に左右されがちな内閣府では、独立した事務局として運営を補佐することは難しいからである。内閣府から独立した立場から、委員長を中心に政権に対して独自の勧告権限を持つべきである。当面は既存の制度としての公文書管理委員会が民主党政権時代から一定の調査と勧告をしているという経緯を踏まえ、それを強化する方が実効的である。なお委員の選任に際しては、人事院の人事官と同様、国会の同意を必要とすることが望ましい。

会計検査院は憲法上の機関として、ここで挙げた三機関の中ではもっとも制度上の保障が行き届いた機関である。だが、森友学園問題での検査の中で、文書の改竄を指摘しうるだけの情報を集めていながら、それを指摘することができなかった。会計処理の不備については指摘できるとしても、それに関わる不当な行政活動について、どこまで政権の意向に反して毅然《きぜん》と指摘するかという前例のない判断に迫られたのである。今回の経験は一つの悪しき前例ではある。それへの反省から、今後どのように政権に対して適切な主張をすることができるかが問われている。

人事院は、一九九〇年代以降の公務員制度改革で廃止の可能性まで主張された組織である。内閣人事局の設置によって、組織として安定したばかりであり、現在の状況で政権に対する強力な主張はできないであろう。まずは内閣人事局と人事院双方の活動を客観的に評価し、助言する有識者会議を設置することが考えられる。人事院自体が、有識者を人事官とした第三者機関とも言えるが、政権と対峙し、社会環境の変化に適応するには、やはり公開の有識者会議による周到な検討を背景に、政権に対して一定の注意と勧告を行った方が、組織の独立に対する政権の過剰な介入を防ぎつつ、独自の主張を公表しやすくなるであろう。

こうした独立機関について、政権と対立する経験が増えたり、実際に権限が強化されたり、有識者会議を設置したからといっても、すぐさま強力な指摘を政権に対して行うように変貌するという形で、円滑に制度が作動するわけではないだろう。委員のなり手を社会が育成するといった長期にわたる地味な下支えを続けなければならないからである。とはいえ、二つの政権交代の時代に成立した原子力規制委員会の初代委員長田中俊一《しゅんいち》は、発足直後の独立機関の舵取りを見事に果たした。決して人材は枯渇《こかつ》してはいないのである。

なお、会計制度については、財務省から主計局を切り離すといった大規模な改革が現在も主張されているが、日本の官僚制がこれまで作動させたことのない改革を進めるのは、ここでの改革原則と反する。円滑な作動を保障するような提案が出てきたとすれば、そのときに考慮する改革となるであろう。現実では、むしろ経済財政諮問会議を活性化させることが有効である。

ただし、公文書管理制度は、二〇一一年に施行されてから日が浅く、今後一層の改革が必要である。森友・加計学園問題にせよ、防衛省の日報問題にせよ、重要な公文書は組織内のどこかに電子データとして残っていることがうかがえる。現在のデジタル情報の保存状況からすれば当然であろう。であるならば、公文書の保存は可能な限りサーバーなどで全文書を一括管理する仕組みをとることによって、国民から信頼され、現場に負担のかからない公文書管理が可能になる。もちろん、すべてが確実に保存されているとすれば、「機密性」の面では脅威となる。この点は、歴史的公文書としての保存を、情報公開制度による公開よりも優越させ、情報公開を恐れて文書を廃棄することなく、数十年後の歴史的公文書の公開に待つという慣行を、徐々に官僚制内に浸透させることが必要である。同時代に漏れる恐れが廃棄を生む。政治家も接触の記録の廃棄を陰に求める可能性がある。電子情報がすべて保存されることで、そうした不当な介入をあきらめさせる効果も期待できるであろう。

六　原則と改革の作動

戦後とりわけ自民党長期政権時代からの政官関係のルールとその改革がどう作動したか、本書で検討した。最後に構想した制度改革は最低限の内容である。制度の作動から考えるならば、改革の初動が重要となるため、基本的な原則のもとで、導入に際して摩擦の少ない改革を行った上で、政治家・官僚の行動がどう変化するかを確認することが出発点となる。

原則は、政治家のリーダーシップの確立と、国家機密以外の政策論争の公開、行政活動の詳細な記録作成と公文書の保存、独立機関の強化である。これらは程度の差こそあれ、現行制度の一層の拡充であり、大胆な変革では必ずしもない。が、これらが根付くならば、いずれは現在とは一変した政と官の関係が立ち現れる。記録作成と保存は、国際的な標準とでもいうべき基本的な原則である。透明性を高めることで制度の動きがあからさまになる中で、市民が制度設計について考えられるようになることが望ましい。

独立機関の強化は、その中では比較的新しい試みであり、改革の実現とその効果が発揮されるまでには時間がかかるであろう。とはいえ、日本はいまだ本格的な政権交代を二度しか経験していない。何度かの交代や、同一与党の枠組みで首相が交代する政権継承を経る中では、本章であげた基本的な原則に立ち返り、そのもとで改革を進めることが必要であろう。またこうした原則は、現行制度が混乱に立ち至ったときに、再度振り返って評価するための基点となる。原則から制度の作動と改革を考えることが、変化の激しい時代において、ますます重要となるのである。

(1)『朝日新聞』二〇〇九年九月五日。
(2)藤井直樹「省庁間の調整システム」『公共政策研究』第六号、二〇〇六年、六一頁。

おわりに

もろもろの改革が積み重なっている状態をどのように解きほぐすか。すでにいろいろな局面で問題が生じているが、ここでは政官関係を対象に、透明性と機密性との制度原則の境界の設定、政治的リーダーシップと独立機関による監視、公文書の保存による政官関係の事後的な透明化の徹底といった原則から、関係する組織の改革が必要であることを指摘した。それも可能な限り、混乱を生じさせず、既存の制度から「円滑」に移行し作動するであろう改革として、である。

第二章の末尾で、あるべき意思決定の型を示した。官邸と各省の協議は拙速とはならず、期限付きとし、文書保存を的確に行い、適切に公開する仕組みを整え、各省人事は順当人事を基本としながら、官邸からのチェックは行うという、国益に沿った合理性を目標とする意思決定であった。これが作動するには、少なくとも第六章で提案したような制度原則のもとで、制度を動かすことが必要になるであろう。もっとも、そのための政治的条件は、首相と官邸に集結する政治家・官僚が、それに足るだけの資質を備えていることである。

二〇〇九年、二〇一二年の政権交代を経て、第二次以降の安倍政権は五年半を超えたとはいえ、いまだ本格的な政権とは言えない。それは、こうしたあるべき意思決定の型を受け入れる素地がないからである。

一つには、不祥事の原因となった首相、首相秘書官、官房長官、官房副長官、財務相のうち、相当数が情報公開に理解を示し、合理的な政策論争を行える資質のある政治家・官僚に交代することが必要となるであろう。首相の交代がそれを可能とする最大のチャンスではあるが、代わって登場した新政権では、未経験の政治家・官僚が大部分を占め、制度を動かせなくなる可能性もある。首相とごく一部のスタッフ以外は一新するくらいの政治的条件があってようやく改革が始まるであろう。ここでの改革は粘り強く進めていくべきものである。

二つには、政権交代の中では、政権はたえず国民の支持を意識せざるを得ない。そのため、これまでは、使い捨てのように官僚制に手を加えて、何とかして政策を実現し、その実績によって国民の支持を得ようとしてきた。民主党政権は、官僚制を変える改革が政権の正当性だと考え、第二次以降の安倍政権は官僚制に強い統制をかけ、政策を転換することで、政権を維持しようとした。

だが、国民の側は、国会議員を選挙で選び取った後、組織された政権がどのように制度を動かし、政策を作り上げるかを監視している。国民が選び取った政権の制度も政策も、究極的には国民が選び取ったものである。政策は他の選択肢へと転換することは比較的容易だが、官僚制は一揃いが霞が関にあるだけであり、簡単に代わりへと置き換えることはできない。持続可能な官僚制は、政権交代のある時代だからこそ必要なのである。とはいえ、政も官も、もとをたどれば自民党長期政権時代の慣行がいまだ根強い中で、日々の活動にいそしんでいる。少しずつであれ、長期的視野を持った政権が立ち現れ、政権交代にふさわしい政と官へと至るような、制度の手直しが必要である。ともすれば崩れがちな政治を立て直すためには、基本的な原則に立ち返りつつ、様々な制度への提案が登場し、その作動を予想しながら、今ある制度から順次移行するような改革が進むことを期待してみたい。

そうした良質な改革の手続きが、もっとも先鋭に自覚されるべきものこそ憲法改正である。本書のように「円滑」な作動を前提とする改革を構想するならば、そこから憲法改正という課題はストレートに浮上しない。むしろ、第一章で述べたように、切れ目のない改革によって情報の大量処理に対応している現在、憲法改正は必要なく、憲法附属法の周到な改正こそが課題となるのである。

もっとも、小泉政権が狙ったように、政権が憲法改正を掲げることは、そうした憲法附属法の改正を容易にする環境を作る。第二次以降の安倍政権も憲法改正を首相が主張する中でこそ、集団的自衛権の憲法解釈の変更が容易になったのである。

憲法改正はやはり政治運動のシンボルである。改正を唱え、既存の制度を抜本的に変えるという姿勢を端的に表すことで、ある種の新鮮味をふりまき、閉塞《へいそく》感を打破する身振りとなる。それは、現代社会では限りなくポピュリズム（大衆迎合主義）に近づく現象でしかないが、社会が経済危機や政治危機で相当の混乱状態ともなれば、強引な憲法改正が進む可能性も十分ある。

平時の憲法改正は、閉塞の打破を想像させはするが、多くの課題が憲法附属法で実現するために、提唱したとたんに改正の根拠が失われ、国会での発議すら容易ではなくなる。だが、社会の混乱状況が深刻になったときに、憲法は歯止めにならないどころか、根本から覆《くつがえ》されることも想定しなければならない。そうした状態の中で、制度が運用される原則をどう保つことができるかも問われている。いかなる強引な改正であれ、実施に移されれば、制度を運用しなければならない。制度の運用への理解を豊かにすることで、いかなる原則が本質として重要であるかを見通すことができるであろう。憲法改正とは、そうした制度への成熟した理解の中でこそ、構想すべきものである。条文の文案を磨くだけではなく、制度の作動について十分準備を重ねた改正として提案されるべきものなのである。

政権交代が実現した後、それに即した政官関係の制度を、運用の中で徐々に作り上げ、その中で運用に必要な知恵を政と官、そして国民も身につけ、より深く理解を積み重ねていくとき、憲法改正を含めた新しい制度へと転換する道が見えてくるであろう。今はまだその準備期間なのである。

あとがき

最近のことだが、様々なロボットの動画がインターネット上に溢れるようになった。二足歩行、バク転、凹凸のある地面を歩行するもの、なめらかな動きを見せるもの、といった様々なロボットが製作されている。そうした作品を見る内に、次第にふくらんできたアイディアがあった。官僚制などの制度を変えることは、こうした動きのあるロボットの製作に似ているのではないだろうか、と。

過去の大改革とりわけ一九九〇年代の改革では、きめ細かな制度設計が目指されていたが、そこで提案された改革とは、大小様々なブロックを組み合わせた動かない模型を作るといった営みにすぎなかったのではないだろうか。動くことを想定せず、制度らしさも中途半端であったとは言えないだろうか。その結果、動かしてみたところ思いもしない事態を招いたというような改革が量産された。民主党政権のマニフェストとはその頂点である。それでもなお、改革が実現してしまい、制度として残り続けているものもあるというのが、現状なのである。

現在のようなロボット技術に触れることのない時代では無理であったかもしれない。だが、今なお、そうした制度らしさしか追求していない制度改革の提言は至る所に見られる。もはやそのような時代は終わりにしなければならない。確かに、不要の制度を廃止し、新しい制度に置き換える改革は、今こそ必要である。そこでまたも無用な失敗を繰り返さないためには、制度の作動を予測してみることが重要なのである。

行政改革は行政の自己改革能力の改革であり、制度改革は制度の自己作動能力の改革であるというルーマンにならった標語は、このときに生きてくる。現場に寄り添えないトップダウンの改革は、多大な混乱をまき散らす。一企業ならば倒産で淘汰されるが、行政ともなると市民を延々と巻き添えにする点で、責任は重大である。

過去のブロック積み上げ型の改革が動き出したのは、一九九七年に行政改革会議が最終報告を提出し、二〇〇一年に省庁再編が実施されたように、有識者会議から報告書が提出された後、数年かけて制度の側で準備を重ねたからである。この間の官僚たちによる「自己改革能力」の発揮により、原案は制度が動く実効性のある内容に変換された。そのプロセスはこれまでほとんど注目されていない。社会全体の変化が加速する中で、現場が動けるよう入念に準備するプロセスを無視して、改革を拙速に進めようとする傾向が、政治の世界でも次第に目立ち始めている。かつてならば、珍妙な改革案は成立しないか、成立したとしても官僚によって運用可能な案に修正する余裕があった。だが、今後は突然準備の整わない案を政治が提出し、国会での多数党の賛成の結果決まってしまう可能性が高まりつつある。そうした中では、何が本当の意味で問題なのかを、よく市民が考えていく必要が出てきている。作動の過程をいくらかなりとはいえ知る市民が増えることは、無用な混乱を政治にもちこまないためには望ましい。政権交代のある時代だからこそ、市民が官僚制のあり方を現実に即して考えるときが来ている。

だからこそ、本書が改革案で強調したように、透明性は今後の政治においてどうしても必要である。透明性の中で適切な判断を下す政権と、そうした透明性に従う与野党の政治家があり、そこで制度が円滑に作動するとき、熟成した政権交代の中で政権が誕生する。そこへ向かって一歩一歩進む時代に入りつつある。

本書では今後の動向を見据えた未来志向を意識せざるを得なかった。AIと情報工学などの技術革新によって、我々の周囲にロボットが溢れつつある。制度とのつきあい方も変わってくる。統計データなどの科学的根拠にもとづくエビデンスベースの政策決定はその一例だが、改革の場合、データの分析とともに歴史を知ることが重要である。そこで、同時代史として未来を見据えた改革論を目差したのが本書である。そんな制度とのつきあい方にも意味がある、と読者の方々に感じて頂ければ望外の幸せである。

なお本書は一部を除き書き下ろしである。第二章の初出は、「フォーカス政治　森友公文書改ざん問題 全面保存を前提とせよ」『週刊東洋経済』二〇一八年三月三一日号、「強い官邸には強い独立機関が必要だ」『中央公論』二〇一八年五月号、「不透明さで『行政崩壊』招いた政権　安保法以前の意思決定に立ち返れ」『月刊Ｊｏｕｒｎａｌｉｓｍ』二〇一八年六月号である。

牧原　出

二〇一八年八月

講談社現代新書　2493

崩《くず》れる政治《せいじ》を立《た》て直《なお》す――21世紀《せいき》の日本《にほん》行政《ぎょうせい》改革《かいかく》論《ろん》

二〇一八年九月二〇日第一刷発行

著　者　牧原《まきはら》　出《いづる》　

発行者　渡瀬昌彦

発行所　株式会社講談社

東京都文京区音羽二丁目一二―二一　郵便番号一一二―八〇〇一

電　話　〇三―五三九五―三五二一　編集（現代新書）

〇三―五三九五―四四一五　販売

〇三―五三九五―三六一五　業務

装幀者　中島英樹

印刷所　凸版印刷株式会社

製本所　株式会社国宝社

定価はカバーに表示してあります　Printed in Japan

N.D.C. 317.1　246p　18cm

ISBN978-4-06-513077-3

「講談社現代新書」の刊行にあたって

教養は万人が身をもって養い創造すべきものであって、一部の専門家の占有物として、ただ一方的に人々の手もとに配布され伝達されうるものではありません。

しかし、不幸にしてわが国の現状では、教養の重要な養いとなるべき書物は、ほとんど講壇からの天下りや単なる解説に終始し、知識技術を真剣に希求する青少年・学生・一般民衆の根本的な疑問や興味は、けっして十分に答えられ、解きほぐされ、手引きされることがありません。万人の内奥から発した真正の教養への芽ばえが、こうして放置され、むなしく滅びさる運命にゆだねられているのです。

このことは、中・高校だけで教育をおわる人々の成長をはばんでいるだけでなく、大学に進んだり、インテリと目されたりする人々の精神力の健康さえもむしばみ、わが国の文化の実質をまことに脆弱なものにしています。単なる博識以上の根強い思索力・判断力、および確かな技術にささえられた教養を必要とする日本の将来にとって、これは真剣に憂慮されなければならない事態であるといわなければなりません。

わたしたちの「講談社現代新書」は、この事態の克服を意図して計画されたものです。これによってわたしたちは、講壇からの天下りでもなく、単なる解説書でもない、もっぱら万人の魂に生ずる初発的かつ根本的な問題をとらえ、掘り起こし、手引きし、しかも最新の知識への展望を万人に確立させる書物を、新しく世の中に送り出したいと念願しています。

わたしたちは、創業以来民衆を対象とする啓蒙の仕事に専心してきた講談社にとって、これこそもっともふさわしい課題であり、伝統ある出版社としての義務でもあると考えているのです。

一九六四年四月　野間省一

哲学・思想Ⅰ

哲学・思想Ⅱ

政治・社会

1145 冤罪はこうして作られる 小田中聰樹
1201 情報操作のトリック 川上和久
1488 日本の公安警察——青木理
1540 戦争を記憶する——藤原帰一
1742 教育と国家——高橋哲哉
1965 創価学会の研究——玉野和志
1977 天皇陛下の全仕事——山本雅人
1978 思考停止社会——郷原信郎
1985 日米同盟の正体——孫崎享
2068 財政危機と社会保障——鈴木亘
2073 リスクに背を向ける日本人 山岸俊男 メアリー・C・ブリントン
2079 認知症と長寿社会——信濃毎日新聞取材班

2115 国力とは何か——中野剛志
2117 未曾有と想定外——畑村洋太郎
2123 中国社会の見えない掟 加藤隆則
2130 ケインズとハイエク 松原隆一郎
2135 弱者の居場所がない社会 阿部彩
2138 超高齢社会の基礎知識 鈴木隆雄
2152 鉄道と国家——小牟田哲彦
2183 死刑と正義——森炎
2186 民法はおもしろい——池田真朗
2197 「反日」中国の真実——加藤隆則
2203 ビッグデータの覇者たち——海部美知
2246 愛と暴力の戦後とその後——赤坂真理
2247 国際メディア情報戦——高木徹

2294 安倍官邸の正体——田﨑史郎
2295 福島第一原発事故 7つの謎 NHKスペシャル『メルトダウン』取材班
2297 ニッポンの裁判——瀬木比呂志
2352 警察捜査の正体——原田宏二
2358 貧困世代——藤田孝典
2363 下り坂をそろそろと下る 平田オリザ
2387 憲法という希望——木村草太
2397 老いる家 崩れる街 野澤千絵
2413 アメリカ帝国の終焉 進藤榮一
2431 未来の年表——河合雅司
2436 縮小ニッポンの衝撃 NHKスペシャル取材班
2439 知ってはいけない——矢部宏治
2455 保守の真髄——西部邁

経済・ビジネス

350 経済学はむずかしくない〈第2版〉——都留重人
1596 失敗を生かす仕事術 畑村洋太郎
1624 企業を高めるブランド戦略——田中洋
1641 ゼロからわかる経済の基本——野口旭
1656 コーチングの技術——菅原裕子
1926 不機嫌な職場——高橋克徳 河合太介 永田稔 渡部幹
1992 経済成長という病——平川克美
1997 日本の雇用——大久保幸夫
2010 日本銀行は信用できるか 岩田規久男
2016 職場は感情で変わる 高橋克徳
2036 決算書はここだけ読め!——前川修満
2064 決算書はここだけ読め! キャッシュ・フロー計算書編 前川修満
2125 ビジネスマンのための「行動観察」入門 松波晴人
2148 経済成長神話の終わり アンドリュー・J・サター 中村起子 訳
2171 経済学の犯罪——佐伯啓思
2178 経済学の思考法——小島寛之
2218 会社を変える分析の力 河本薫
2229 ビジネスをつくる仕事 小林敬幸
2235 20代のための「キャリア」と「仕事」入門——塩野誠
2236 部長の資格——米田巖
2240 会社を変える会議の力 杉野幹人
2242 孤独な日銀——白川浩道
2261 変わった世界 変わらない日本——野口悠紀雄
2267 「失敗」の経済政策史 川北隆雄
2300 世界に冠たる中小企業 黒崎誠
2303 「タレント」の時代——酒井崇男
2307 AIの衝撃——小林雅一
2324 〈税金逃れ〉の衝撃 深見浩一郎
2334 介護ビジネスの罠——長岡美代
2350 仕事の技法——田坂広志
2362 トヨタの強さの秘密 酒井崇男
2371 捨てられる銀行——橋本卓典
2412 楽しく学べる「知財」入門——稲穂健市
2416 日本経済入門——野口悠紀雄
2422 捨てられる銀行2 非産運用——橋本卓典
2423 勇敢な日本経済論——髙橋洋一 ぐっちーさん
2425 真説・企業論——中野剛志
2426 東芝解体 電機メーカーが消える日 大西康之

世界の言語・文化・地理

世界史Ⅰ

世界史Ⅱ

959 東インド会社――浅田實
971 文化大革命――矢吹晋
1085 アラブとイスラエル 高橋和夫
1099 「民族」で読むアメリカ 野村達朗
1231 キング牧師とマルコムX 上坂昇
1306 モンゴル帝国の興亡〈上〉――杉山正明
1307 モンゴル帝国の興亡〈下〉――杉山正明
1366 新書アフリカ史――宮本正興 松田素二 編
1588 現代アラブの社会思想 池内恵
1746 中国の大盗賊・完全版――高島俊男
1761 中国文明の歴史――岡田英弘
1769 まんが パレスチナ問題 山井教雄
1811 歴史を学ぶということ 入江昭
1932 都市計画の世界史――日端康雄
1966 〈満洲〉の歴史――小林英夫
2018 古代中国の虚像と実像 落合淳思
2025 まんが 現代史――山井教雄
2053 〈中東〉の考え方――酒井啓子
2120 居酒屋の世界史――下田淳
2182 おどろきの中国 橋爪大三郎 大澤真幸 宮台真司
2189 世界史の中のパレスチナ問題 臼杵陽
2257 歴史家が見る現代世界 入江昭
2301 高層建築物の世界史 大澤昭彦
2331 続 まんが パレスチナ問題 山井教雄
2338 世界史を変えた薬 佐藤健太郎
2345 鄧小平――エズラ・F・ヴォーゲル 聞き手＝橋爪大三郎
2386 〈情報〉帝国の興亡――玉木俊明
2409 〈軍〉の中国史――澁谷由里
2410 入門 東南アジア近現代史 岩崎育夫
2445 珈琲の世界史――旦部幸博
2457 世界神話学入門――後藤明
2459 9・11後の現代史 酒井啓子

日本語・日本文化